政协委员履职风采

建言国是
关注民生

张化本　著

中国文史出版社

张化本（2009 年）

　　2000 年参加中央统战部组织的民主党派西部大开发课题调研活动在云南贵州调研

　　2003 年辽宁调研

2004年随全国政协考察团赴广西调研内河航运，其后就闸坝碍航问题提出提案。

2004年在日本考察循环经济

2006年随全国政协考察团在齐齐哈尔考察

2006年出席九三学社中央"三农问题法律对策"研讨会并发言

2006年参加九三学社中央企业技术创新课题组在山东调研

2006年6月随全国政协考察团在黑龙江考察国企

2006年参加九三学社中央企业技术创新课题组在山东调研

2007年3月在全国政协十届五次会议上代表九三学社中央作大会发言

自述：**我的履职之路**

建言献策　尽责履职

政协第十届全国委员会
【提案】

019　关于改善我国高浓度磷复肥企业生产经营状况的建议案

021　再生铅行业发展需要政策扶持的建议案

026　关于充分发挥科技在解决我国资源环境问题上的重要作用的建议案

028　关于调整不良资产收购政策的建议案

031　关于我国资本市场非流通股20年逐期流通化的建议案

035　关于解决我国资源可持续利用的建议案

037　关于我国石油行业中统一采用体积单位计量制的提案

039　关于允许有限授予动植物基因专利的提案

042　建议国家制定肥料分类技术标准和肥料法规的提案

044　关于全国布鲁菌病疫情亟待引起关注的提案

047　关于尽快解决农村教师工资拖欠问题的提案

050　关于解决内河闸坝碍航问题的提案

053　关于用"四一三"健康保险模式进行平价医院试点的建议提案

056　关于搞好农业废弃物利用，增加有机肥投入的提案

060　关于促进企业成为技术创新主体的若干建议的提案

【会议发言】

063　资源开发要节约存量发展增量

065　　统筹区域发展要从改革税制入手

068　　立足国家水资源战略　大力推进海水利用

071　　大力推动生物质能源发展

074　　维护劳动者合法权益　构建和谐的劳动关系

077　　实施自主创新战略　建设知识产权强国

080　　和谐社会呼唤教育公平

083　　实行全民医保、按人包费、资源整合的医改方案

087　　高度重视科技投入效益问题

090　　解决中小企业科技创新资金瓶颈问题刻不容缓

093　　关于北部湾经济区开发建设的若干建议

政协第十一届全国委员会
【提案】

097　　关于加速高考制度改革的提案

100　　关于创新高等教育管理制度的提案

105　　关于建立中国矿业权交易市场暨国家矿业交易所的提案

109　　关于开展二氧化碳地质封存科技攻关的提案

114　　关于加快我国农村养老机构建设的提案

118　　关于利用税收政策，进一步完善社会保障体系有效性的意见和建议

122　　关于设立科技银行的提案

124　　关于实施"农民医疗工程"的提案

126　　关于加强农村公路养护管理的提案

131　　关于大部分基础研究和应用基础研究不再搞验收的提案

133　　关于中国资本市场国际化的提案

138　　关于利用政府资金引导民间投资的提案

141　　关于农村慢性病防控的对策的提案

144　　关于建立蔬菜农药残留自检机制的提案

147　　关于重视政府信息公开工作的提案

150　　关于改进城市住宅小区物业管理的提案

155　　关于全面推动生态旅游的提案

【会议发言】

160　高度重视失地农民长远生计保障问题

164　加大行政信息公开与监督力度

【调研】

166　发展循环经济是克服资源环境瓶颈的必由之路

170　赴日循环经济考察报告

176　解决粮食主产区的"四难"问题

179　能力、动力与环境

182　关于参政议政工作的几点认识

188　应尽快完善科技特派员制度

媒体报道

195　必须寻找公益与效率的平衡点 / 黄　萱

198　全国政协委员张化本建议：合理开发资源　节约存量发展增量

200　严格规范土地征用程序 / 潘　跃

201　解决碍航问题　凸显"绿色运输"效能 / 李小霞

203　人民健康"食"不我待　加强监管刻不容缓 / 刘　平

206　提高企业自主创新能力 / 罗　旭

207　不尚清谈　关注国是民生 / 张　娟

210　九三学社：政协发言和提案要继续突出科技优势 / 石　乐

212　维护劳动者合法权益　构建和谐劳动关系

215　为实现教育公平多做实事

217　张化本委员代表九三学社中央发言呼吁解决中小企业科技创新资金
　　　瓶颈问题刻不容缓

219　完善我国科技风险投资退出机制

220　全国政协委员张化本：重视发展物流产业加强科技应用和人才培养

222　九三学社部分委员建议：发展生物质能源要以农为本

224　政协委员呼吁把信息公开纳入干部绩效考核机制 / 邢利宇

自述：**我的履职之路**

2003年至2012年，我担任第十、第十一两届全国政协委员共十年。作为一名民主党派成员，我自20世纪90年代专事九三学社中央参政议政工作，为九三学社在人民政协这个舞台上履行参政议政、民主监督职能尽职尽责，与此同时，在组织的培养和自己的努力之下，我在履职之路上不断进步成长，终于走进全国政协这个参议国事的殿堂，作为一名政协委员议政建言，使自己的人生绽放出时代的光彩。

一

1982年，作为恢复高考后首届全国统考毕业生（所谓七八级），我由北京市人事局分配到九三学社北京分社工作。北京市人事局的同志对我说："九三学社是个民主党派。"但是民主党派是做什么的，当时我心里并不清楚。听单位的老同志说，过去的主要工作就是政治学习和思想改造，"文化大革命"中九三学社被红卫兵勒令停止活动，其领导人和成员也受到冲击。粉碎"四人帮"后，特别是中共十一届三中全会以后，拨乱反正，统一战线和多党合作进入一个新的历史阶段，九三学社恢复了活动，工作重点也转移到为社会主义现代化建设作贡献的轨道上来。

不久，我所在的九三学社北京分社按照九三学社中央的部署，开展"智力支边"活动，组织社内知名专家到内蒙古、宁夏、新疆、云南等地讲学、培训、咨询指导。我亲身参加了这项工作的组织和服务，曾陪同时任中国医学科学院院长的吴阶平教授等专家赴内蒙古讲学培训。在为九三学社老一辈不畏艰苦、奉献社会的政治热情所感动的同时，也对新时期民主党派的职能有了初步的感受。

1987年，我上调九三学社中央宣传部工作。此时，九三学社中央在推进

"支边"工作的同时，对西南地区的经济社会发展开展了调查研究，并于1989年向中共中央提交了"关于建立长江上游生态保护和资源开发区的建议"。中共中央领导对建议非常重视并作了批示，国家计委向有关省、部、局下发通知，要求在制定"八五"计划时对建议内容予以考虑。这件事对我产生了很大影响，我后来就此写了一篇报道，分别刊于《光明日报》和《人民政协报》，更重要的是，它使我认识到为国家的发展建言献策是民主党派的重要职能。

然而使我对民主党派职能具有更深刻更正确认识的是1989年12月发表的《中共中央关于坚持和完善中国共产党领导的多党合作和政治协商制度的意见》（以下简称《意见》）。《意见》明确了民主党派在中国共产党领导的多党合作政治格局中的参政党地位，明确了民主党派参政的基本点（一个"参加"，三个"参与"）和发挥监督作用的总原则。通过学习，我逐步形成了对民主党派基本职能的认识：参政议政、民主监督。

中共中央《意见》的发布，使民主党派深受鼓舞，极大调动了民主党派履行参政党职能的积极性。过去九三学社中央的参政议政工作分散在一些由兼职人员组成的专门委员会中，缺乏一种组织协调的机制。为了加强此项工作，1994年九三学社中央成立了专门委员会办公室（后改名为参政议政部），作为各专门委员会的协调办事机构，也是社中央负责参政议政工作的职能部门，调我担任办公室副主任。自此，我历时16年专事参政议政工作，为九三学社履行参政议政、民主监督职能，尽职尽责，主要做了以下四方面工作。

（一）组织开展参政议政课题调研

专委办成立后，社中央确定的重点调研课题和各专门委员会的调研课题，都由专委办具体组织实施。16年来，我和部门同志组织了"水资源的合理利用与保护""农业适度规模经营""培育和发展社会中介组织""西部大开发"等数十个课题调研项目，产生了一批有价值的调研成果。例如，我任职当年，针对当时科技工作者在体制转换和为经济建设服务中面临的问题，在赵伟之副主席领导下，专委办协同社中央科技委员会在北京、上海、天津等七省市数十个科研院所开展了"科技体制改革与科技队伍状况"专题调研，向2055名各类型科技人员发放了调查问卷，形成了近万字的调研报告。此次调研成果产生了广泛积极的影响。调研内容被新华社选入动态清样上报。在调研报告基础上，我起草了题为"加大支持力度，强化科技的第一生产力地位"的文稿，由王文元副主席代表九三学社中央在全国政协八届三次会议上作了大会口头发言；起草了题为"关于落实《中华人民共和国科学技术进步法》保证科技投入的建议"作为九三学社中央提案提出（该提案被评为民主党派中央优秀提案）；撰写了题为"采取有力措施，增加科技投入"的文章，发表于《民主与科学》杂志。

为了履行民主监督职能，把中共中央《意见》提出的聘请民主党派成员担任特约监察员、特约检察员、特约审计员、特约教育督导员的工作做得更好，1995年社中央专委办协同社中央法制委员会采取问卷（发放528份）与座谈相结合的方式，在全社范围内开展了"特约人员工作情况"调研活动。在调研的基础上形成了"关于加强和完善特约人员工作的意见和建议"，被全国政协八届四次会议选中，由王文元副主席代表九三界别五位委员作了大会口头发言。2000年，社中央专委办和政法委再次就特约人员工作开展调研，由我执笔形成题为"完善特约人员工作，推进民主监督事业"的九三学社中央在全国政协九届四次会议上的提案，受到承办单位中央统战部的高度评价与充分肯定，认为提案对做好特约人员工作提供了有价值的建议，将认真考虑和采纳，使特约人员工作真正做到制度化、规范化。后来中央统战部专门召开了特约人员工作研讨会。

（二）联系推动专门委员会等机构开展调研，产生参政议政成果

为了履行参政议政职能，九三学社中央先后成立了经济、科技、农林、社会法制、教育、医药卫生等专门委员会。后来又成立了参政议政研究中心这一社中央直接领导的参政议政机构。联系协调各专委会、参政议政研究中心，推动这些机构成员通过调研、座谈、专业研究等方式产生成果，为社中央参政议政服务，是专委办的重要工作内容。这种机制扩展了社中央参政议政的领域，也提高了社中央参政议政的质量和水平。例如，社中央农林委员会提供的"关于尽快解决失地农民生活保障问题的建议案"，以社中央名义提出，在全国政协十届二次会议上被列为一号提案，承办单位专门召开座谈会，协商办理。据统计，十届政协期间，九三学社被列为重点提案的有40件，其中有14件是由专门委员会提供的。

（三）开展课题招标和提案征集活动

为了充分发挥组织功能，凝聚集体智慧，向全国政协大会提交更多高质量的发言提案，九届政协期间九三学社中央在全社范围内开展了发言提案征集活动；十届政协期间，在韩启德主席的倡导下，又开展了课题招标活动。专委办（参政议政部）负责这些工作的组织实施。首先组织力量对征集上来的招标课题成果和发言提案进行分类初选，然后对选出的材料，请相关专门委员会及有关专家评价，或咨询相关机构，最后对所有选定的材料进行审改加工，再经过一定的组织程序，最后以九三学社中央或九三学社界别及九三组委员联名的名义提出。这种方式产生了一批高质量的发言提案。例如九三上海市委提供的、以九三界别名义提出的"东西部开展科技合作的思路与对策"提案，受到科技部的高度评价与重视。在承办提案时，专门赴上海、广东等东部地区和西安、新疆等西部地区调研，提出了东西部合作的基本思路、工作重点和相关措施。据统计，十届政协期间，九三学社有14件通过课题招标、提案征集方式产生的提案被列为重点提案。

（四）撰写修改参政议政文稿

撰写社中央课题调研成果及政协大会发言、提案，修改专委会、地方组织提供的作为社组织名义的政协发言、提案，是专委办（参政议政部）的重要工作。多年来，我起草或主持起草了一批调研报告和政协发言提案，主要有：调研报告："九三学社中央致中共中央国务院关于三峡工程的考察报告"（1993年），"科技体制改革与科技队伍状况问卷调查报告"（1994年），"九三学社中央关于农村劳动力转移问题的调研报告"（2003年），"九三学社中央关于加快振兴东北老工业基地的建议"（2003年），"关于加快长江三角洲区域合作与协调发展的建议"（2004年），"关于提升企业技术创新能力的调研报告"（2004年），"九三学社循环经济考察团赴日考察报告"（2004年）；政协大会发言提案："加大支持力度，强化科技的第一生产力地位"（1995年），"关于落实科技进步法，保证科技投入的建议"（1995年），"关于加强和完善特约人员工作的意见和建议"（1996年），"关于加快我国水电开发的建议"（1998年），"树立水资源危机意识，合理开发，反对浪费"（1998年），"加强创新人才建设，迎接知识经济挑战"（1999年），"强化环境保护意识，加强环保工作力度"（1999年），"建立智力产权制度，迎接高科技产业蓬勃发展"（2000年），"关于实施西部大开发战略的若干建议"（2000年），"实施人才战略，建设世界强国"（2001年），"大力发展和规范民办高等教育"（2002年），"关于实施专利战略的建议"（2002年），"关于大力发展我国海水淡化事业的建议"（2003年），"关于实施国家知识产权战略的建议"（2003年），"为科技人才营造良好的创新环境"（2004年），"把发展循环经济作为'十一五'规划的指导思想和规划基础"（2005年），"以人为本，切实加强食品安全"（2005年），"关于促进粮食主产区粮食增产农民增收的建议"（2006年），"关于完善《国家中长期科技发展规划纲要》配套政策的建议"（2006年），"关于北部湾经济区开发建设的若干建议"（2007年），等等。据统计，十届政协期间，由我撰写或主持撰写的全国政协提案，有12件被列为重点提案召开协商办理座谈会或列入《重点提案摘报》。

担任专委办（参政议政部）负责人16年，我为九三学社履行参政党职能做出了自己的努力，同时也在组织的教育培养下不断进步成长。1997年我被选为九三学社中央委员，2000年我被任命为九三学社中央专委办主任，2002年我被选为九三学社中央常委，2003年我担任全国政协委员、提案委员会委员，还被聘为全国政协特邀信息委员。更重要的是，这16年参政议政的工作实践，极大地拓展了我在国事、社会、民生等方面的人生阅历和知识储备，极大地提高了我的政治把握能力、参政议政能力、课题调研能力、组织协调能力、文稿撰写能力，为我担任全国政协委员履行参政议政职能奠定了良好的基础和条件。

二

在担任政协委员的十年里，我履行参政议政职能，提出了37件提案，15篇会议发言。同时，也撰写了一批委员个人名义的发言和提案（当然这些发言提案中有一部分是与九三组织的参政议政相关联的，例如由我代表九三学社中央作大会发言，由我领衔提交的专委会或省级组织的入选提案）。这些发言提案大致可以分为以下几大类：

（一）科技

九三学社是以科技界高中级知识分子为主的民主党派，因此在参政议政方面很重视体现科技特色。每年政协大会九三学社中央的口头发言大多是讲科技，提案也有相当比例是科技内容。我在两届大会提出科技方面发言三篇，提案三件，其中有两篇发言和一件提案值得一提。

在全国政协十届五次会议上，我代表九三学社中央作了题为"解决中小企业科技创新资金瓶颈问题刻不容缓"的大会口头发言。这是韩启德主席领导的九三学社中央的课题调研成果。我曾随他赴北京中关村、上海、江苏等地调研，并在他主持下撰写了这篇发言初稿。发言在分析了中小企业是我国科技创新生力军的基础上，针对他们面临的融资难问题，提出了完善科技风险投资退出机制、提高国家财政对科技型中小企业自主创新的支持力度、尝试开办科技银行、推进再担保体系建设、加强中小企业信用体系建设等建议。发言产生了广泛的社会影响，数十家媒体予以报道。

在全国政协十届五次大会上，我提交了"关于促进企业成为科技创新主体的若干建议"的提案。关于企业技术创新问题，韩启德主席领导九三学社中央在2004年至2006年期间，多次开展课题调研，并形成了"关于提升企业技术创新能力的调研报告"和"关于企业自主创新问题的报告"。其后，九三学社中央连续两年就此问题在全国政协大会做大会发言并提出提案。我参与了调研和相关报告、发言、提案起草的全过程。我提交的提案着重从创业技术创新的能力、动力、社会环境三方面存在的问题，提出了国家应采取的对策建议。九三学社中央和我个人所提提案的内容，后来多被国家中长期科技发展规划及其配套政策所吸纳和采用。

在全国政协十届四次大会上，我提交了"实施自主创新战略，建设知识产权强国"的大会发言。我多次参加九三学社中央关于专利知识产权方面的调研活动，并曾主持撰写过相关社中央名义的发言提案。在2006年建设创新型国家的形势下，我写了这篇文章，一方面作为九三界别名义的提案，另一方面作为我的发言。在此文中，我论述了实施自主创新战略必须要建设知识产权强国的理由，并从七个方面提出了建设知识产权强国的建议。作为九三界别提案，这些建议得到科技部和国家知识产权局的好评与重视。国家知识产权局在答复中说，这些建议"对于目前正在进行的国家知识产权战略制定工作以及将来的战略实施工作有指导意义"；科技部答复说"将在战略制定中认真考虑"。

（二）资源环境

资源环境问题是九三学社参政议政的重要议题，在我的提案发言中也占有近1/3的比重。

在全国政协十届三次会议上，我代表九三学社中央作了题为"立足国家水资源战略，大力推进海水利用"的书面发言。海水资源利用是九三学社长期关注的一个问题。在2003年全国政协十届一次会议上，九三学社中央在充分调研的基础上提交了题为"关于大力发展我国海水淡化事业的建议"的发言和提案。在十届三次会议上，九三学社中央又在继续调研的基础上提出了"关于加快海水利用技术产业化的建议""关于大力实施海洋开发战略的建议"等提案。"海洋开发"提案被选入"重点提案摘报"。"海水淡化"和"海水利用技术产业化"的提案分别被列为重点提案召开协商办理座谈会，其内容也被国家发改委、国家海洋局编制的海水淡化及海水资源利用专项规划所充分吸收。我自始至终参与了这些提案的调研与形成。后来我又在《人民日报》发表了"向海洋要淡水"、在《光明日报》发表了"加快海水开发利用步伐"等文章以扩大宣传。

在开展"水资源的合理利用与保护""海水淡化"等课题调研中，我懂得了这样一个道理：天上水、地表水、地下水是一体的，因此陆地淡水资源的开发利用只是实现了水资源的时空位移，只是存量的变化，并没有增加其总量，而海水淡化则是增量。由此我想到我们各种自然资源的开发利用，都有一个存量与增量的问题。为此我在政协十届二次会议上提交了题为"资源开发要节约存量，发展增量"的大会发言和题为"关于解决我国资源可持续利用的建议"提案。发言和提案产生了积极影响，《光明日报》就此予以了报道，发改委则对提案表示了赞同与肯定。

全国政协十届四次会议上，我提交了题为"大力推动生物质能源发展"的大会发言。2005年我参加了九三学社中央关于"发展生物质能源"的调研活动。调研结束后我主持形成了两个材料：一是以九三学社中央名义提出的提案"关于发展生物质能源促进新农村建设的建议"，被列为重点提案大会期间召开现场协商办理；二是我以个人名义提交的大会发言。我发言的基本内容是：发展可再生的生物质能源是我国解决能源问题的战略选择，国家要制定专项规划，并在资金、政策、市场建设、技术创新等方面给予大力支持。这些提案发言受到媒体关注，产生了积极影响。

在十一届四次会议上，我提交了一件"关于建立蔬菜农药残留自检机制"的提案。这是我个人调研形成的一件提案。我长期关注食品安全问题，曾多次撰写九三组织名义的食品安全问题提案。十届四次会议以九三界别名义提交的"关于切实加强食品安全工作的建议"，被列为重点提案入选全国政协"重点提案摘报"。我感到食品安全特别是农药残留检测方面的一个重要问题是重抽检轻自检。因此经调研我提出了建立蔬菜农药残留源头自检制度、推广农药残留检测技术等建议，受到有关部门重视。

在十一届五次会议上，我提交了题为"关于全面推动生态旅游的建议"的提案与发言。早在2010年，在陈抗甫常务副主席倡导和推动下，九三学社中央在赖明副主席主持下就"发展生态旅游"的问题开展了调研，并向党和政府提出建议、向全国政协提交大会发言和提案。建议受到重视，时任总理的温家宝同志作了批示，国家"十二五"规划中专门写入"全面推动生态旅游"。我参与了调研和起草文稿的全过程。后来我一直参与生态旅游的推动工作，发现"十二五"规划"全面推动生态旅游"的要求并没有得到全面落实，因此又写了"关于全面推动生态旅游"的发言和提案。提案得到国家旅游局的高度评价和重视。

（三）和谐社会建设

和谐社会建设是我关注的一个重要问题。在政协两届大会上，我共就此提交大会发言3篇，提案2件。

在十届四次会议上，我提交了题为"维护劳动者合法权益，构建和谐的劳动关系"的大会发言，以及相关提案。在发言中，我主要针对一些企业不签劳动合同、苛扣工人工资、延长工时、压低工资、工作环境恶劣等问题，提出各级政府要把维护劳动者权益作为政绩考核指标，加大"劳动法"实施力度、加强劳动保障监察执法工作，加大在非公企业中建立工会组织开展维权工作的力度等建议。发言产生了一定社会反响，一些媒体予以了报道。

在十届五次会议上，我提交了"和谐社会呼唤教育公平"的大会发言，与九三学社中央"维护教育公平促进社会和谐"的提案（该提案被列为重点提案入选全国政协《重要提案摘报》）相应。在发言中，我列举了城乡教育差距大、高招定额不公平、教育收费负担重等教育不公平问题，提出加大教育投入力度，废除重点校制度、改革高考招生制度、完善贫困生社会资助体系、建立教育管理社会参与制度等建议。发言产生了积极社会反响，《光明日报》予以报道，《瞭望》杂志发表了我的署名文章。

在十一届一次会议上，我提交了"高度重视失地农民长远生计保障问题"的大会发言。早在十届二次会议上，九三学社中央就提交了题为"关于尽快解决失地农民生活保障问题的建议"的提案，被大会列为一号提案，承办单位召开了协商办理座谈会。自那以后，我对失地农民问题一直比较关注。在这篇发言中，我针对失地农民安排中存在的补偿标准偏低、社会保障制度不完善、缺乏培训就业难等问题提出了建立合理的征地补偿和利益分享机制、建立医疗养老社会保障机制、建立教育培训保障机制、建立再就业机制等建议。《人民日报》、中国网、搜狐新闻等对此予以了报道。

（四）改革

在这方面，我于十届二次会上提交了一篇代表九三学社中央的大会发言，题为"统筹区域发展要从改革税制入手"。这是我参与的九三学社中央的一项课题调研成果。另外还于十一届一次会议上提交了一件"关于加速高考制度改革"的提案。

值得多说几句的是我就医改问题提交的两件提案和一篇发言。在参与医改的调研活动中，我接触到了一个国家软科学的研究成果——"四一三"健康保险模式。经过深入研究，我觉得"四一三"模式是坚持政府主导与市场机制相结合原则进行医改的一个可行方案，因而在十届四次会议上提交了"用'四一三'健康保险模式进行平价医院试点的建议"提案，在十届五次会议上提交了题为"'实行全民医保、按人包费、资源整合'的医改方案"的提案和发言。这些发言和提案引起了广泛的社会反响，《光明日报》《人民政协报》、九三学社中央网站、中国保险网、中国经济网等媒体予以了广泛报道。

（五）其他

在这一大类里，值得一提的是十一届三次会议上，我和蔡耀军委员的联合发言，题目是"加大行政信息公开与监督力度"。这篇发言是九三学社湖北省委会的课题调研成果，在社中央政协提案发言征集活动中被选中，经修改作为九三学社中央名义的发言上报全国政协，被选作口头发言（全国政协大会每次收到大会发言六七百篇，能被选为口头发言的不过百分之五六），但大会发言组建议以委员联名形式发言。社中央领导决定由我和九三湖北省委副主委蔡耀军委员作联名发言。这篇发言指出了《政府信息公开条例》实施以来存在的不尽如人意之处，如一些政府官员不是把信息公开当作义务而是作为权力，一些地方存在"过滤公开"或虚假公开现象，"保密法"成了不公开的理由等等。发言同时提出制定《政府信息公开条例》实施细则、在法律层面解决"公开"与"保密"的界限、把信息公开纳入干部的绩效考核机制等建议。这篇发言引起了广泛的社会反响，人民网、凤凰网、《人民日报》海外版、环球网、中国广播网等数十家媒体予以报道。

十一届四次会议上，我再次提交了"重视政府信息公开工作"的发言和提案，对这一问题进行追踪和再呼吁。

在十届三次会议上，我提出了一件关于解决内河闸坝碍航问题的提案。关于内河闸坝碍航问题，我早在参加"三峡工程""水电开发""内河航运"等调研活动时就深有感受，并有所储备。2004年参加全国政协关于内河航运问题一个考察调研，使我对这个问题有了更全面深切的认识，因此提出了这件提案。提案受到重视，取得良好社会影响，《珠江水运》全文刊登了这一提案，中国政协新闻网作了报道。

三

人民政协是中国共产党领导的多党合作和政治协商的重要舞台，民主党派的组织成员如何履行好参政党职能，在这个舞台上表演出精彩的参政议政、民主监督的节目？我从事民主党派参政议政工作多年，对此颇有一些体会和认识。

（一）要有多党合作意识

在中国共产党领导的多党合作中，共产党是领导党、执政党，各民主党派是接受中国共产党领导，与共产党通力合作、共同致力于中国特色社会主义事业的参政党。因此民主党派的参政议政一定要围绕执政党的工作中心，服务于执政党的工作大局。从总体上说要围绕改革开放和社会主义现代化建设这个中心和大局，在不同时期又要围绕党和国家的中心工作建言献策。例如2003年九三学社中央曾就农村经济发展问题开展调研。中共十六届三中全会召开，提出"科学发展观"和"五个统筹"。我们立即调整了选题方向，以中共十六届三中全会"城乡统筹"精神为指导，提出了"关于推进城乡统筹，实现城乡经济社会协调发展的建议案"。该提案被列为重点提案在全国政协十届二次会议上现场交办。

（二）抓好选题

选题是参政议政取得良好效果的关键。选题好，可以取得事半功倍的效果。我体会应该重视以下几类选题。

一是热点选题。这主要是指那些对经济发展和社会民生影响大、社会关注度高的问题。如医改问题、房地产问题、收入分配问题等等。我所提的"失地农民""维护劳动者权益""'四一三'医改"等提案都属这类选题。但是这类选题要取得高质量的成果也很难，因为这些选题错综复杂，关注和研究的人也很多。因此要有突破，就要在选择切入点上下功夫。我的"'四一三'医改"提案就是选择公益与效率的平衡这一切入点，因而收到良好效果。

二是战略性选题。即选择那些对国家经济社会发展的大局具有重要和长远影响的战略性问题。例如2005年我率团就循环经济问题赴日本考察调研，回来后结合过去在国内的相关调研储备，又结合当年"两会要研究'十一五'规划议题"，写了一篇"把发展循环经济作为'十一五'规划的指导理念和规划基础"的文稿，作为九三学社中央名义提案上交。这就是个战略性选题。此提案被列为重点提案，与其他相关提案一起在会议期间召开了有国家发改委、财政部等政府部门参加的协商办理座谈会。

三是前瞻性选题。是指那些眼前发展不突出，但对未来发展有重要影响的问题。例如2008年，海峡两岸形势发生了积极变化，九三学社感到这种变化将对两岸关系产生影响，于是确定了两岸加强交流合作的选题开展调研，并以此为基础，在全国政协十一届二次会议上提交了"关于推进海西建设，促进两岸交流合作"的提案。该提案被列为重点提案举行协商办理会，对推动国务院《关于支持福建省加快建设海峡西岸经济区的若干意见》的出台产生了积极作用。

（三）搞好调研

高质量的参政议政成果是离不开扎实深入的调研的。调研可以分为三个环节：第一个环节是预备调研，即为了确定选题方向、制定调研方案而进行的调研。例如我们在做水资源课题的调研时，就曾通过查阅资料、召开专家座谈会、走访政府部门等确定了"资源短缺、节约用水"这一选题方向，并制定了调研提纲和方案。第二个环节是实证调研，是指按预备调研确定的方向和方案开展的调研活动，这是调研的主要环节。实证调研应该通过广度与深度相结合的实地调查，得出理论与实践相统一的结论，提出切合实际的意见建议。例如，九三学社中央开展的"提升企业技术创新能力"调研。一是请30个省级组织深入企业、科研院所实地调研；二是走访科技部、中科院等部门，邀请十余家企业和转制院所座谈；三是社中央主要领导带队赴湖北、黑龙江、山东等省深入调研。在此基础上产生了高质量的提案，很多建议都被国家中长期科技发展规划所吸纳。第三个环节是论证调研，是指对已完成的调研成果进行再调研，以确保其观点正确、论据准确。

（四）写好文稿

撰写文稿是调研所形成思想成果的外化。如何写好参政议政文稿，可以从内容和形式两方面来分析。

从内容方面来看，主要有两点。一是要和党、和国家的大政方针相一致。这需要我们对党和国家相关的方针政策高度熟悉和准确把握。九三学社中央农林委员会副主任刘志仁同志撰写的"关于切实做好我国农业入世应对准备的紧急建议"，在全国政协九届三次会议上被用作社中央名义的发言和提案。这件提案受到全国政协的重视和农业部的好评，作为重点提案召开了协商办理座谈会，后又被评为九届政协的优秀提案。之所以如此，是与他对国家在"入世"上的大政方针的深刻理解和准确把握（既看到挑战又不夸大冲击、既积极应对又不违反"世贸"规则）分不开的。二是要有一定新意。一个热点问题往往会引起社会普遍关注，产生许多内容类似的提案。如何评价这些提案的价值，很重要一点是看它是否有新意。我曾参与了九三学社中央常务副主席王文元领导的环保产业的调研及提案形成的过程。提案提出的环保产业市场化是一个人所共知的问题，但王文元副主席从污染治理企业市场化带动环保设备制造企业的市场化角度提出建议，有新意，因而受到重视。全国政协为此召开提案协商办理座谈会，经贸委为此提案专门走访九三学社中央。这件提案也被评为全国政协优秀提案。

从形式上看，参政议政文稿特别是政协发言、提案与学术论文是有区别的。学术论文可以对某一问题从历史到现实、从原因到结果、从问题到建议进行细致的分析论证和表述，而政协发言、提案则要求以精练的文字和概括的语言在两三千字内把一个问题讲清楚，做到言简意赅，主题鲜明，论证说服力强，建议切实可行。当然发言和提案还是有所区别的，发言强调建言立论，更强调观点鲜明，论据有力，语言生动，有较强的穿透力和感染力；提案的特点是解决问题，一般要求事实清楚，问题准确，理由充分，建议具体，语言简洁，一事一案。

作为全国政协委员，我在人民政协这个舞台履行参政议政、民主监督职能整10年。我感到这是我人生中最有意义和价值的10年，多次萌生将自己的政协发言提案等参政议政成果辑为一册的愿望。中国文史出版社帮我实现了这一愿望。在此，谨向中国文史出版社表示诚挚的敬意和谢意，向为此书出版付出辛勤劳动的编辑刘华夏女士表示衷心的感谢！

张化本

2017年7月15日

建言献策　尽责履职

政协第十届全国委员会

【提案】

关于改善我国高浓度磷复肥企业生产经营状况的建议案

　　化肥是农业的主要生产资料之一，高浓度磷复肥已经成为粮食增产、农民增收的重要手段。"七五"以来，国家下大力气建成了一批（9个）大中型高浓度磷复肥厂，增加磷复肥供应能力170万吨（折纯），使我国高浓度产量从1991年的27万吨增加到2001年的214万吨。在国产高浓度磷复肥供应量增加的同时，进口磷复肥的价格（磷酸二铵）从1995年的232美元／吨，下降到170美元／吨，初步测算，农民因此而得到的价差惠为每年约20亿元。国内高浓度磷复肥产量的增长对调整化肥产品结构、抑制进口化肥价格、增加农民收入发挥了重要作用。近年建成的这批高浓度磷复肥项目，引进和采用的技术装备先进，达到20世纪90年代的国际水平。然而，这些企业由于项目投资过大，债务负担重，多数企业亏损。由于这些项目建设期恰逢汇率、利率和物价的"三高"时期，加上资本金短缺，建设资金不到位，建设期拉长，使投资一超再超。即使国家颁布"债转股"之后，虽然企业财务费用大幅度降低，但因折旧费太高，生产成本难以明显下降。这批企业目前面临着很大的困难，如果没有得力措施，一些企业可能会破产。另外，我国是世界上最大的高浓度磷肥进口国和消费国。国外厂商早已瞄准我国市场，美国IMC公司为进入我国市场，已对包括销售网络在内的高浓度磷肥企业、矿山，做了全面细致的调查研究，准备低价收购。为了挤垮国内企业，他们还采用低于成本的销售策略。因此，我国的这批大中型磷复肥企业受到了内外的双重夹击，形势是严峻的。

我们认为，第一，这批企业是花了190多亿元建成的国有大中型企业，如果让其破产无疑是重大的国有资产损失。第二，这些企业一旦破产或非国有化，进口化肥价格和国内化肥市场价格将会上扬，农民的利益将直接受到损害。第三，这些企业创造了上万个就业机会，而且多数位于西部地区和贫困山区，职工的下岗失业将使数万个家庭、十多万人口处于贫困之中，给社会带来许多不安定因素。第四，经过初步分析，这些企业如果政策措施得力，主要依靠自身的技术和能力，国家给予适当优惠，改革机制，是有可能解困和发展的。为此建议：

1. 尽快完成债转股。据了解，这些企业虽然与资产管理公司签订了转股协议，由于种种原因迟迟得不到实施，影响到企业的生存和发展，建议有关部门抓紧协调解决。

2. 明确国家资本出资人到位。鉴于债转股后，企业资本结构变化，建议由中央企业牵头（国家开发投资公司、信达资产管理公司等）组建公司，将国家资本金和债转股资金统一管理，完善法人治理结构，实现跨区域重组。

3. 重组重点磷复肥企业。建议认真分析资源、设备、市场、物流等条件，以磷矿资源为基础，结合考虑硫资源和氮资源及其生产条件，矿肥结合、氮磷硫结合，以云南、贵州等省为基地，组建2—3个大型或特大型磷复肥企业，增强实力，迎接挑战。

2003年

再生铅行业发展需要政策扶持的建议案

2002年6月29日全国人大常委会通过了《中小企业促进法》，要求从资金、政策、中介服务等多方面为中小企业的创立和发展提供有利的环境。随着我国市场经济发展，特别是加入WTO后，市场竞争更为激烈，为中小企业创造公平的外部环境，是国家义不容辞的责任。九三学社襄樊市委组织专门力量以实地考察、专题研讨等形式，围绕再生铅行业税负过重的问题，开展一系列调研活动。通过调查研究，我们发现：对利用废铅蓄电池为原材料加工成可利用的新材料的再生铅行业，在执行财政部、国家税务总局《关于废旧物资回收经营业务有关增值税政策的通知》（财税字［2001］78号）后带来税负过重的现象，这与我国鼓励和支持企业开展废旧物资（资源）综合利用，节约矿产资源改善生态环境，促进经济、社会可持续发展方针相违背。本报告将对湖北金洋冶金股份有限公司在执行［2001］78号前后的税负作出较为详尽的描述，并对再生铅行业现状和发展进行分析，提出相应的具体可行性和可操作性的政策建议。

一、再生铅行业的现状

湖北金洋冶金股份有限公司是以有色金属再生冶炼、铅基系列合金研制与生产为主的专业化公司，与江苏春兴合金（集团）股份有限公司、上海飞轮有色金属有限公司一起列为全国再生铅行业三大支柱，其中，"无污染再生铅技术"经国家鉴定，工艺达到国际先进水平，属国内首创。其产品不仅为国内高科技企业、大型工程项目（诸如大亚湾核电站）选用，而且出口北美、韩国、西欧等几十个国家和地区，每年创汇300万美元左右。从调查该公司2001

年11月财务报告中反映，现有资产总额5151万元，固定资产2946万元，现有职工250人，产品销售收入6146万元，产品销售成本5712万元，毛利率为7.06%。造成成本高、利润薄的原因是：

（1）原材料回收处于无序状态。我国废蓄电池回收工作处于多家收购、多管齐下的无序状态，目前可从事废蓄电池回收的有商业部门的供销系统、机电部门的蓄电池制造企业、物资部门的金属再生公司、再生铅厂的采购队伍、占主导地位的个体专业户。财政部、国家税务总局颁布［2001］78号文规定对废旧物资回收经营单位销售其收购的废旧物资免征增值税，其本意是通过税收调整，对废旧物资利用的再生铅行业构成其主要产品的原材料（废铅蓄电池）调低收购价格，从而降低产品成本，支持该行业正常经营。但由于我国目前无一家专业再生铅企业或蓄电池企业建立全国性回收网络和地区性回收网络，整个回收工作处于分散经营状态，由大量的个体回收商竞争收购，提高回收价格，加剧该公司经营成本，同时由于原始单据手续不完善，给该公司增值税抵扣带来困难。

（2）再生铅行业生产的特点。再生铅生产是100%以废旧铅蓄电池为原料进行冶炼再生产利用的再生业，不同于其他行业利用一部分废旧物资做辅料或只添加一小部分到原生资源中的生产型回收利用企业，流转税的调整直接影响该行业生存与发展。如每吨废旧蓄电池（实物量）一般只能回收再生铅600千克左右（其他为废胶盖、PVC隔板、废电解液等废弃物），一般原材料占其生产成本的85%左右，加上铅金属以外的其他废弃物分选和生产过程中需进行污染防治治理，环保设施运行费用高等原因，实行增值税以来就是一个无利、微利行业。

二、废铅蓄电池产生量及环境状况

1. 废铅蓄电池产生量。

1991—1998年汽车保有量年均增长10.43%。其中私人汽车保有量年均增长20.39%，私人汽车增长速度是我国汽车保有量增长速度的2倍。由此看来，私人购车将呈快速增长趋势。1998年我国汽车保有量达到1340万辆，家用车保有量为1500万辆，摩托车保有量一般为1—1.5年，则每年约有5000万只废铅蓄电池产生，再加上固定牵引、铁道、军工、金密封用等领域废铅蓄电池，每年大约有30万吨的废铅蓄电池产生。

2. 废铅蓄电池的回收率低、环境污染较重。

我国每年约30万吨废铅蓄电池产生，而废铅蓄电池在回收过程中的回收率仅为90%左右，还有10%未得到回收，而遗失在各个角落。然而，任何不恰当的处置都会导致对环境的污染，那些被随意抛弃的蓄电池会受到胡乱处置，如将废蓄电池人工解体，随地倒出废酸流入大地，给土壤、地表与地下水质带来直接影响，间接上会给农作物和人身健康带来危害。铅烟气和铅尘对妇女儿童的影响更为严重。这些铅烟气铅尘远远超过汽车尾气中四乙基铅对人体的危害，铅烟气和铅尘与妇女儿童接触将会直接影响她们的身心健康。若长期接触的浓度较高，将会出现慢性中毒，神经衰弱，植物神经功能紊乱，重者神智不清，狂躁不安，甚至会影响儿童的智力及生长发育。

三、再生铅行业的社会效益

1. 再生铅行业符合我国资源综合利用的产业政策。再生铅行业是以100%废旧铅蓄电池为原料进行冶炼再生利用的行业，其废旧铅蓄电池占其生产成本的85%左右，不同于生产型废钢、废铜等利用一部分生产资源中的生产型回收利用企业。改革开放以来，再生铅的回收利用得到了长足发展，平均每年给国家回收10余万吨铅金属，已经形成了比较完善的废铅回收、加工利用网络体系。

2. 无污染再生铅技术的运用，有利于保护人类生产、生活环境。目前全国只有2家采用预处理的无污染再生铅工艺企业，整体技术水平与国外先进技术相差较大。为了解决金属回收率低、能耗高、污染严重、生产规模小、综合利用率低等问题，湖北金洋冶金股份有限公司在各级科委的帮助指导下，筹资1000多万元从美国引进一套先进设备，经过多个工艺流程，采用无污染再生技术，减少了严重污染环境的烟气、烟尘、弃渣、废水、二氧化硫的排放量，该项目是国家"八五"科技攻关项目，工艺达到了国际先进水平，属国内首创，与江苏春兴合金（集团）股份公司、上海飞轮有色金属有限公司并列为国内再生铅三大支柱，每年创汇近300万美元。

3. 支持、扶持再生铅行业生产，有利于缓解我国铅精矿资源紧张的矛盾。目前我国铅精矿资源紧张，每年需要进口大量的铅精矿维持生产，而当前我国再生铅仅占总铅产量的9.2%，远远低于西方发达国家50%的水平。随着我国经济的快速发展，每年再生铅资源将以15%速度上升，为解决资源和环境问题，再生铅利用越来越重要。

4. 再生铅是我国铅资源持续发展的重要保证。再生铅行业是我国在重视环境保护和充分利用金属再生资源的情况下逐步发展起来的新兴行业，随着我国汽车工业、通信和化学工业的迅速发展，对铅的需求不断提高。2003年我国铅的需求量将达到70万吨以上，其中蓄电池行业需要铅60万吨。这样一来既扩大了再生铅的消费市场（目前在蓄电池消耗的铅中有50%为再生铅），又因为蓄电池消费市场的增大而导致废蓄电池的增多。目前我国铅矿资源短缺现象日益严重，资源的安全保障问题已成为一个急需考虑的问题。回收再生铅可充分利用再生铅废料，减少原生铅矿石的开采量，延长其开采期限。因此回收和生产再生铅已成为我国实现铅资源可持续发展战略的不可缺少的重要组成部分。

四、现行税制不利于再生铅行业发展

1. 实行增值税以后，国家对废旧物资回收经营单位实行抵扣进项税10%，按应纳税额先征后退70%的优惠政策。对利用废旧物资的生产企业，可从物资回收经营企业取得17%增值税，与其他工商企业一样抵扣17%进项税，再生利用生产企业的税负比较公平。执行财税〔2001〕78号文件规定后，增值税率由文件前的抵扣进项税率17%降为10%，又没有原废旧物资回收经营企业按应纳税额先征后退70%优惠政策。废旧物资回收经营单位减轻了的税负转移或加在了再生利用生产企业的纳税环节上以后，存在高征低扣，这一税收政策对再生生产企业是显失公平的。

2. 再生铅行业执行财税〔2001〕78号文件规定直接导致产品成本的增加。以100元为例，材料无税成本由原来的85.47元，变成现在的90.00元，增加直接税负4.53个百分点，增加税率5.03%；加上按增值税应交的城市建设维护税5%和教育费附加及其他3%，增加税率0.40%；二项共计增加税率5.43个百分点。以年消耗废旧物资1亿元的企业来计算，年增加直接税负额489万元。如此沉重的税负大部分正规企业难以承受。将直接影响再生铅行业不能继续经营、

停产或关闭。从长远看，不利于全社会开展再生资源回收利用，以节约矿产资源，改善生态环境，促进经济社会可持续发展。

3. 小企业偷逃税现象普遍，环境污染严重。全国年产再生铅在15万吨左右，经测算，年应纳增值税额3500万—3800万元，估计偷逃税的产量约占总产量的40%左右。每年使国家税收损失在千万元以上。一部分不正规小再生铅企业采用不建账，进销不开发票等手段经营，完全靠偷逃税，牺牲环境生存获利，使国家应收的税收流失。在生产中又造成严重的二次环境污染。

五、解决再生铅生产行业实际问题的政策建议

1. 立法

（1）国家应尽快出台废旧有色金属利用，特别是含铅蓄电池危险废物收集和处理的全过程法律法规；（2）对危险废物废铅蓄电池收购商、再生处理厂实行严格的注册制，非注册者不得经营；（3）国家应加大力度关停那些工艺技术落后，污染严重的小再生利用企业和不规范的收购网点。

2. 产业政策

（1）对废旧有色金属再生利用企业和危险废物废铅蓄电池再生利用重点企业在进行技术改造，引进新工艺、新技术，引进设备，治理二次环境污染方面给予长期无息贷款资助，或给予50%资本金资助。（2）征收新蓄电池附加费。

3. 税收政策

（1）对废旧物资再生的一般纳税人企业，凡是从正规的废旧物资回收经营单位取得购进废旧物资经税务机关监制的发票，应比照其他生产流通企业的进项税负，由现行的10%恢复到执行财政［2001］78号文以前的17%。（2）鉴于再生铅行业完全以有毒有害的废料为原料，环境治理费用高，其生产成的产品应享受免征增值税政策或实行增值税即征即返的政策。

2003年

关于充分发挥科技在解决我国资源
环境问题上的重要作用的建议案

当前，我国资源环境领域面临着严重的挑战，主要表现为：油气等战略性矿产资源短缺将直接影响到国家的安全，水资源危机将直接威胁到中华民族的未来生存，而资源开发利用中存在的综合利用率低、生产效率低、能耗高以及资源的不合理利用等问题依然存在。生态环境的透支仍很突出，水土流失和土地荒漠化状况尚未得到有效控制，水污染、大气污染和固体废弃物污染严重，生物多样性减少，自然灾害频繁发生。这些问题的解决要靠科技进步，而资源、环境领域的科技进步还存在许多问题：

第一，科技整体水平仍比较低。资源环境领域整体科技水平仍然明显落后于发达国家，对重大资源环境问题，尤其是对新出现的问题，缺乏有效的技术手段，难以满足需求。

第二，科技能力建设不足。缺少开发、转化和应用新兴技术的能力，科技成果转化与应用能力明显落后于发达国家；国际技术合作和技术转让存在许多障碍；重复引进发达国家传统技术严重，既浪费大量资金，也抑制我国相关技术的发展。

第三，科研投入明显偏低。长期以来，国家在资源环境领域的科技投入不足，欠账较多。"九五"期间国家科技投入约10亿元，"十五"期间国家在资源环境领域的科技投入有了明显增长，约是"九五"期间的两倍，但相对于诸多问题需要科技进步来解决，还远远不能满足需求，要从整体上提高我国资源环境领域的技术水平还有相当的困难。资源环境领域的科技工作主要是公益性的，无法完全用市场机制解决。

第四，科研体制亟待改革。资源环境领域的研究力量主要分布于国土资源等系统的研究院所。这些院所仍然存在机构庞大、效率不高等诸多问题，而企业研发力量极为薄弱，还没有成为技术创新的主体。党中央、国务院近年来组织力量围绕资源、环境中的重大问题开展了前瞻性、战略性研究，攻克了一批重大关键技术，发展了一批与资源、环境相关的产业。但应该看到，我国的整体科技水平仍然明显落后于发达国家，如对水体污染的控制与恢复等重大资源环境问题，还缺乏有效的技术手段。因此，更充分发挥科学技术在解决我国资源环境问题上的重要作用，仍是需要引起重视的一个重要问题。为此，我们建议：

1. 进一步组织力量就资源环境领域中的一些重大理论和关键技术问题开展研究，为国家的宏观决策和工程建设提供理论和技术依据。建议将以下问题作为研究重点：水资源安全保障，油气资源安全保障，战备矿产资源安全保障，海洋资源利用与海洋产业发展，清洁能源与再生能源，环境污染控制与治理，生态环境综合整治，自然灾害监测预报，食品安全，环境与健康，全球环境问题等。

2. 加强技术标准的研究和制定工作。加入世贸组织后，发达国家纷纷利用技术标准尤其是环境标准，通过"绿色壁垒"政策来限制我国产品进入。目前我国资源、环境方面的技术标准主要还是参考发达国家，这就难免受制于人。因此，组织力量研究制定适合我国国情的技术标准已经迫在眉睫。

3. 加强科技能力建设。建议进一步加大对资源环境领域的科技投入，重视基础性、公益性的科技工作，加强科研院所基础设施建设、新技术示范工程和技术转化中间环节建设，大力促进科技创新、成果转化与产业化。

4. 深化改革，建立高效的研究开发体系。要积极稳妥地推进资源环境领域科研机构的体制改革，提高企业的技术研发能力，建立起与社会主义市场经济相适应的高效研发体系。

2003年

关于调整不良资产收购政策的建议案

妥善处置不良资产，事关深化国有企业改革，防范和化解金融风险，保证国民经济的平稳健康发展。1999年以来，经国务院批准，四家国有商业银行和国家开发银行先后剥离了1.4万亿元的不良贷款，由金融资产管理公司收购并处置。截至2002年第三季度末，已有近3000亿元债转股，有2800亿元采用其他手段处置，收回资产850亿元，其中现金520亿元。初步取得了不良资产处置的市场经验和阶段性成果。但是，作为不良资产处置基本政策之一的收购融资政策，在实践中逐渐暴露出某些缺陷，应当引起有关方面的重视，适时加以调整。不良贷款收购和融资政策的主要内容是：金融资产管理公司按账面价值收购银行不良贷款。收购资金来源包括发行金融债券和中央银行再贷款。金融资产管理公司发行的金融债券由剥离不良贷款的国有银行认购。金融债券和中央银行再贷款的年利率为2.25%，按季付息。处置不良贷款的最终损失由财政部提出解决方案，报国务院批准执行。不良贷款收购和融资政策在执行中存在以下问题：

（一）现金流压力引导资产处置追求短期目标。按照利率标准，金融资产管理公司每年需要计提和支付超过300亿元的金融债券和中央银行再贷款利息，而且支付额并不随着可处置资产总量的减少而减少。在利息和其他管理成本支出的现金流压力下，追求短期变现实际成为不良资产处置的主要目标。除债转股外，处置中更多地采用债务减免、诉讼破产、拍卖转让等相对简单而利于短期变现的手段，对处置周期较长、短期内现金流入较少的大规模资产重组，则明显关注不足。这种处置倾向不利于深化国有企业改革。

（二）不良贷款核算使国有银行资产质量和盈利失真。剥离不良贷款使国有银行的账面不良资产减少。但是，由于金融资产管理公司发行的金融债券担保不明确、无法转让和不能足额支付利息，从安全性、流动性和盈利性上，并没有使国有银行的资产质量得到根本改善。另外，由于在国有银行的资产负债表和损益表中，并不反映处置不良贷款形成的损失和损失准备（这些损失和损失准备反映在金融资产管理公司），而仅把从金融资产管理公司收到的债券利息记入利润，因而国有银行的盈利也是不真实的。这种由于政策性原因造成的银行资产质量和盈利水平的失真，对国有银行评级和股份制改造，影响十分不利。

（三）再贷款融资收购妨碍中央银行货币政策运用效果。中央银行再贷款是货币政策工具的主要构成部分，再贷款的发放与收回是实现货币供应量调节的主要手段之一。在不良贷款收购资金来源中，中央银行再贷款占有一定的比例。按照有关政策规定，处置不良资产回收的现金，扣除处置管理成本开支外，优先偿还金融债券利息，而后偿还中央银行再贷款。在金融债券利息不能足额支付的实际情况下，用于收购不良贷款的中央银行再贷款很难收回。这势必减弱中央银行运用再贷款实现货币政策目标的宏观调控效果，也会影响到中央银行的资产负债平衡。

（四）不良资产处置损失对长期财政预算平衡形成潜在压力。据初步估算，金融资产管理公司收购的不良贷款最终处置损失接近1万亿元。如果考虑到金融债券和中央银行再贷款的利息成本，总的损失额会更大。目前，在积极的财政政策下，中央财政每年的国债发行规模也只有几千亿元。如果不良贷款的处置损失集中清算，势必对未来若干年的财政预算平衡造成极大的压力。

（五）不良贷款按账面价值剥离和收购容易诱发道德风险。潜在的道德风险存在于剥离不良贷款的国有银行和收购不良贷款的金融资产管理公司两方面。一方面，由于按账面价值剥离不良贷款，对国有银行贷款损失的原因、损失的程度以及损失的责任，没有及时、严格地查清认定。随着时间的延宕和处置资产的所有权转移，清查的可能性会越来越小。这种示范效应与加强信贷管理的要求是完全相悖的。另一方面，由于不能对购入不良资产的实际损失作出估价，金融资产管理公司的处置效果也失去了客观的评价标准。不利于加强对金融资产管理公司的监管和考核。

（六）按账面价值剥离和收购不良贷款的政策，无法适用于除国有银行之外的其他金融机构，不利于资产处置市场的进一步发展。

为了解决上述问题，弥补制度缺陷，建议对不良贷款收购融资政策作如下调整：

（一）停止继续按账面价值剥离不良贷款，改为根据不良贷款的评估结果定价收购的方式。对于已按账面价值剥离的不良贷款，要对折现评估结果组织尽职调查，确定合理的收购价格，并相应完善不良资产处置效果的考核标准。

（二）不良资产的折现评估损失，原则上由剥离不良贷款的国有银行承担，并允许其以计提贷款特别准备金的形式分年消化。同时，通过调整税收政策，降低国有银行的经营成本；通过逐步实现利率市场化和增加非信贷金融服务，扩大国有银行的盈利空间；通过采取多种方式充实国有银行资本，包括财政补充注入资本金、发行作为附属资本的银行长期债券、出售部分银行业务或分支机构以换取新的投资等。

（三）停止以中央银行再贷款方式对不良贷款收购融资。不良贷款收购所需的全部资金通过发行金融债券解决。金融债券发行规模可根据不良贷款收购评估定价加债券利息贴水计算。贴水金融债券可以由国有银行或其他机构投资者认购。金融资产管理公司可以利用处置资产回收的现金，赎回未到期的金融债券。中央财政承诺将到期未兑付的金融债券转为国债。

（四）允许金融资产管理公司根据"议价收购、自愿交易、分账核算、自负盈亏"的原则，收购并处置其他金融机构的不良贷款。

（五）进一步协调对金融资产管理公司的外部监管。改进不良资产处置的考核评价体系，完善激励约束机制，引导金融资产管理公司密切与国有企业改革政策的配合，提高资产处置水平，强化资产重组能力。

（六）对重大的不良贷款损失应开展司法调查。金融监管部门应加强对不良贷款剥离、收购、处置的全过程监控。对因渎职、受贿等造成不良贷款损失的行为要追究行政和法律责任。对涉嫌逃废银行债权和内外勾结进行金融诈骗的犯罪行为，要抓住线索，一追到底，予以严惩。

2003年

关于我国资本市场非流通股20年逐期流通化的建议案

作为我国新型工业化的必要支撑的资本市场，自进入新世纪以来，呈现前所未有的白热化状态、处于进退维谷的关键时期。一方面利好政策源源不断，另一方面市场本身又"跌跌不休"，与宏观经济走势发生很大背离。社会各方对此都感到焦急与迷茫：资本市场究竟应该怎么办？我们认为，在贯彻十六大"推动资本市场改革开放和稳定发展"精神的大前提下，只要能适时解除"新兴加转轨"时期束缚市场正常运行的瓶颈，资本市场就一定能渡过难关，跃迁到市场化、规范化、国际化的新的成长平台之上，成为我国宏观经济持续向上的强有力支撑。为此，特别提出我国资本市场非流通股20年逐期流通化的建议。

一、建议提出的缘由

（一）愈益严重的股权分割

我国资本市场以国有股、法人股为主的非流通股与社会公众股的划分以及不同运行规则的执行，事实上是一种股权分割。近年来，这种分割状态有愈演愈烈之趋势。

1. 过去。根据《中国证券期货统计年鉴2000》及中国证监会网站有关统计资料，近年来，国有股在非流通股及总股本中的比例均呈上升趋势。从前者来看：1997年为48%，1998年是52%，1999年至56%，2000年达61%，2001年则跃升为70%。就后者而言：1997年为32%，1998年是34%，1999年至36%，2000年达39%，2001年进一步跃迁到46%。

2. 现在。我们再考察一下从2001年中到2002年中资本市场在国有股减持期间的状况。从2001年6月14日至2002年6月24日，市场新发股票57只，总股本1004.8亿股，其中流通股为83.34亿股，非流通股为921.46亿股。即非流通股股份占将近92%，流通股只占8%。即使除去中石化的影响，非流通股比例仍达82%，流通股比例仅为18%。这一结果显然超越了2001年的数额。（以上数据资料参照了《中国经济时报》2002年7月19日出版的《国有股减持叫停后，新股发行方式改革迫在眉睫》一文。）

3. 未来。按资本市场有关的预期，到2010年，以美国、日本、中国为首的世界股市格局为15：5：2。即2010年美国的股票市值大约为15.46万亿美元，日本是5.41万亿美元，中国则接近于2.16万亿美元，折合人民币大概为18万亿元（比2001年12月31日4.35万亿元人民币的市值增长近4倍，比2002年12月31日3.928万亿元的市值增长约4.6倍）。假设目前股权分割的结构改进不大，那么，2010年流通股约为7500亿股，而非流通股则是14000亿股。14000亿的非流通股！如果按流通市值算，那它即相当于当年我国GDP总额的2倍（假定2010年前中国GDP能保持7.5%的年增速度）！然而，股权分割及其日益严重本身或许并不是最重要的，关键是股权分割所诱发的一系列后果非常重要，因为这一系列后果是灾难性的。

（二）股权分割：死结与瓶颈

1. 致命缺陷。股权分割首先扭曲了我国证券市场真实的供求关系以及真实的股票价值含量，从而膨胀了股票价格与股票市盈率。据证券市场著名专家对1999年、2000年、2001年有关资料的计算，上市公司新股发行中流通股的平均价格在8元以上，而非流通的国有股和法人股按净资产的折股价却只有1元多。故此，据对沪深两市2001年底平均每股净资产与平均每股交易价格的测算，由非流通股产生的泡沫率至少在75%以上（韩志国，2002）。所以说，是股权分割带来了我国资本市场的股市泡沫也就是股本泡沫，带来了我国资本市场的致命缺陷！

2. 后向关联。作为后向关联，股权分割又阻碍了我国资本市场与国际资本市场的国际化对接。因为，一个以股权分割为特征的市场，其游戏规则很难与以股权统一为特征的市场游戏规则相一致；一个因股权分割从而供求关系、股票价格严重失真的市场，很难对有真正投资欲望的国际机构产生强烈吸引；

也就是说一个充满了泡沫从而相当于在海绵上运行的市场，很难找到既头脑充满经济理性却又无视脚下风险涌动的非理性合作伙伴共舞！

3. 前向关联。作为前向关联，股权分割还强化了国有企业法人治理结构不合理、内部人控制、经营业绩下滑。这与十六大"按照现代企业制度要求，国有大中型企业继续实行规范的公司制改革，完善法人治理结构"的精神显然无法相容。正因认识到这一问题的后果，我国资本市场在明显感到无法在原有轨道上继续运行下去时，从本世纪开始，便踏上痛苦而又艰难的自我调整、自我回归的必由之路。这也正是目前资本市场一方面利好政策源源不断，另一方面却"跌跌不休"，呈现剪刀状走势的原因所在。因为，无论是政府政策的矫正也好，还是市场本身的回归也罢，事实上，都是在努力把原有的扭曲反转过来，把已有的泡沫挤压出去。所以，结束股权分割，无论规定与不规定，对市场而言都是无可选择的选择！

二、建议的主要内容

本文关于我国资本市场非流通股20年逐期流通化的方式，对资本市场非流通股用20年、按市场选择逐期流通做出有效规定。

（一）主体内容

我国的资本市场自启动10多年来，已经积聚了相当规模的非流通股。对于这部分既有的非流通股，本建议称之为非流通股的存量部分。今后，随着资本市场的不断成长，持续不断产生出的新的非流通股，本建议相应地就称之为非流通股的增量部分。

1. 逐期流通。本文建议：无论存量部分非流通股还是增量部分非流通股，法令可以规定：从公司上市之日起满3年后，在20年时间内均可逐期自动流通化。每年流通的数量＝各上市公司非流通股总量/20。

2. 自愿锁定。本文建议：法令同时还可以做出"自愿锁定"的规定。即无论已上市或拟上市公司非流通股股票，达到上市年限后，也可执行"无限期、无限量自愿锁定原则"，不上市流通。自愿锁定非流通股部分即将进入流通状态时，提前6个月向交易所及社会报告即可。

3. 市场决定。本文建议：非流通股流通时所采用的具体方式（配股、股权调整、权证、基金等）与价格，由各股票发行人、投资人及中介机构等市场参与各方协商、讨论择定。政府不做任何具体、强制的规定。

（二）配套措施

为了使政府上述有关规定能顺利实施，本文建议，需辅以以下配套措施：

1. 立法介入以上非流通股20年逐期市场化流通方案，应以国家先行立法的方式进行为妥。

2. 扩大需求非流通股的逐渐流通化无疑增大了市场供给，相应也要扩大市场需求。其中重点措施：就国内需求而言，应当允许经重新登记的信托投资公司发起设立的证券投资基金进入证券市场，允许保险资金直接进入证券市场。针对国外需求，应在现有发布《合格境外机构投资者境内证券投资管理暂行办法》的基础上，进一步降低对合格外资进入我国证券市场资产规模等条件的限制，适当加快资本项目下人民币自由可兑换的进程。

2003年

关于解决我国资源可持续利用的建议案

最近，耕地减少、能源紧张再一次引起了人们对资源的关注。我国资源有限，人口众多，人均资源占有量远低于世界平均水平。人均耕地仅相当于世界人均水平的42%，淡水相当于27%，森林相当于20%，煤、石油、天然气人均占有量分别相当于世界的56%、15%、10%。我国目前正值经济高速发展时期，在可预见的未来，对资源的需求将会越来越大。有专家预测，到2050年，我国能源年耗将相当于2000年的3倍。我国属化石能源紧缺国家，煤、石油、天然气可采货源量有限。若按今后国内需求量预测数生产，50年后化石能源资源将趋向枯竭。因此，如何保持资源的可持续利用，保证资源对2020年实现全面建成小康社会宏伟目标和本世纪中叶基本实现现代化的有效支撑，是我们今后一个时期必须面对的一个十分严峻的课题。为此，提出以下建议：

一、在全民中树立资源忧患意识，建设资源节约型社会

我国资源短缺，但利用方面的粗放、浪费却很严重。我国总用水效率仅为美国的1/8。万元GDP的能耗是美国的3倍、德国的5倍、日本的近6倍。如果我们能把单位产值的能耗降低到日本今天的水平，我们就有可能在今后几十年内不增加能源的消耗量。由此可见，节约乃是保证资源可持续利用最有潜力的措施。建议国家在全社会大力开展资源安全方面的宣传教育，在全民特别是各级领导干部中树立资源忧患意识，使资源的节约利用成为全体社会成员的自觉行动；各级政府要制定规划，采取措施，大力推动节水、节能及节约利用各种资源的工程，建设资源节约型社会；深化资源有偿使用制度改革，推进国土资源市场体系建设，以经济杠杆促进资源节约利用的持久发展。

二、合理开发资源，节约存量，发展增量

许多资源不可再生，用一点就会少一点，因此应节省开发存量，大力发展增量。1.节约使用既有资源，大力发展新增资源。例如在土地利用上，要尽可能少地占用耕地，同时通过治理盐碱地、荒漠化土地等增加新的耕地；在水资源利用上，要尽可能少开采地下水，大力发展人工降雨、海水淡化（目前规模设计吨成本已降至3.7元）等以增加淡水资源总量。2.充分利用国外资源，减少自有资源开发。自20世纪80年代以来，全世界非油气矿产总体呈供大于求趋势。我们要利用这一历史机遇，最大限度地分享世界资源。国家应通过政策优惠鼓励资源进口，鼓励企业大力实施资源开发"走出去"战略，发展跨国公司和跨国经营，以保证我们能稳定持久地利用国外资源。3.调整能源结构，大力发展可再生能源，节省不可再生能源。我国水电资源世界第一，目前仅开发了20%（发达国家一般在50%以上）；核电不到全国装机的1%，远低于世界16%的平均水平；太阳能、风能、地热能以及国外大力发展的农作物能源等开发利用的规模更小。因此应大力开发这些可再生能源，节省石油、天然气、煤等不可再生能源。4.大力发展资源回收再利用，减少存量资源消费。目前发达国家钢、铜、铅等大宗金属回收再利用量已达消费量的30%—50%。如果我们能达到这样的水平，就意味着可以少开发相应的存量资源。这对于资源的可持续利用无疑具有重要意义。

三、充分发挥科技进步在资源可持续利用方面的重要作用

无论是资源的节约使用还是合理开发，归根到底都要依靠科技进步。建议：立足于今后50年甚至更长时间资源对我国经济与社会发展的安全保障这一战略目标，制定资源领域科技中长期发展规划，组织力量就一些重大理论和关键技术进行攻关；加大投入力度，加强资源领域的科技能力建设；深化科技体制改革，建立产学研相结合的高效研究开发体系。通过这些措施，提高科技对资源可持续利用的贡献率。

2004年

关于我国石油行业中统一采用体积单位计量制的提案

石油及石油产品是关系国计民生的重要资源，也是我国紧缺资源，如何使其发挥最大的效益，管理的科学化至关重要。在这里，我们仅就我国石油行业中存在的计量单位不统一问题，提出意见。目前世界上，几乎唯独我国仍然在石油开采、加工、产品流通等环节采用以大气中重量计量单位进行结算，而在石油产品终端市场销售环节采用以体积计量单位进行结算的计量管理模式。这一不统一的计量管理模式，在封闭的计划经济条件下，计划生产、计划销售、计划分配，并无明显不合理性，但在现今市场经济条件下，尤其是我国"入世"后，其不科学性、不合理性暴露无遗。主要表现在以下三个方面：第一，与国际不接轨，与WTO不相适应。现今世界90%左右的国家在石油加工过程及产品销售过程中均采用体积计量单位。如美国及欧洲发达国家在石油加工过程及产品销售过程均采用60℃条件下的体积计量单位；日本在石油加工过程及产品销售过程中均采用15℃条件下的体积计量单位；石油输出国组织欧佩克也是均采用美国标准。随着我国加入WTO，石油工业全面融入国际市场，并且石油及石油产品进出口贸易量逐年增加，在石油计量方面统一采用标准体积单位是顺应"入世"形势与国际接轨的必然选择。第二，容易造成企业的效益分配不公。由于在石油开采、加工、产品流通等环节采用以大气中重量单位进行计量，而在石油产品终端市场销售环节（如加油站）采用以体积单位进行计量，企业有可能利用国家标准的漏洞谋取超额利润，以造成效益分配的不公。因为在出厂和流通环节以大气中重量单位进行结算，不管其密度大小，只要重量相等，其获得的销售额就是一样的，而到终端销售（如加油站）零售按体积结算，其获得的销售额就不一样了。第三，容易造成石油及石油产品资源效益的流失。石油专家们都知道，石油加工分割过程是一个体积增益的过程，其加工越精细其产品的体积增益就越大，以体积计量单位核算效益也就越大。但是，在市场经济条件下，在以经济效益为中心的思想指导下，目前我国的石油计量模式会给企业粗放式生产留有余地，一些企业为了降低成本、增加效益，在保证主要质量指标（以产品质量的密度项指标为实测）前提下，尽可能地减少加工工序，尽可能多产、尽可能使之密度增大，在实行大气中重量计量方式结算中多获利，这种做法实际上是对石油资源（忽视了石油加工分割过程中体积增益的效益）的一种浪费。为此，我们建议我国石油工业尽早废除大气中重量单位计量制，统一改为在标准温度下（20℃）的体积单位计量制。它便于和国际接轨，能有效地制止我国石油及石油产品资源效益的流失，并能加快我国石油加工业精细化生产的步伐，从而提高我国石油产品在市场上的竞争力。

2005年

联名提案人：邓浦东　田麦久　刘石民　刘秀晨　李慧珍
　　　　　　吴博威　宋晓华　陈心昭　邵　鸿　周　翔
　　　　　　郑祖康　赵乃岩　赵维娜　黄　荣　曾　华

关于允许有限授予动植物基因专利的提案

美国的Monsanto公司在2000年从中国上海地区的野生大豆品种中找到了与控制大豆高产性状有密切关系的分子标记，然后一口气向包括中国和美国在内的101个国家提出了总共64项权利要求的专利申请，其申请范围涵盖所有含有这些标记基因的大豆及其后代，以及所有引入这些标记基因的作物。这意味着，如果这些专利申请得以实现，拥有世界90%以上野生大豆资源的中国，要种植或出口这些大豆，均须得到美国这家公司的许可，并缴纳巨额知识产权费。可想而知，这会给中国农业造成多么大的损失。究其原因，无外乎三点。一是美国专利法103条明确规定了生物技术方法的可专利性，从而基因专利得以实现。二是我国没有对基因专利的法律规定，并且在这个问题上相当保守，以致国内的农业研究机构也无法申请到基因专利。截至1999年底，我国共受理基因工程方面的专利申请1754件，其中来自国外的1279件，占72.9%，主要来自美国、日本；而我国国内企业、机构也在积极申请，光是受理的总数可能已经达到4000件左右，提出的申请更是远远超过此数，但至今批复数仍然是零。三是缺少对我国作为生物资源提供国的权利保障，比如国外研究机构在获取遗传资源时没有事先经过生物资源所属国的同意。具体如何应对这种局面，有必要重新审视我国在基因专利上的保守态度。国际上也有类似我国的保守国家，比如法国、奥地利、捷克等国，但也同时存在着美国、日本这些态度积极的国家。可见现有的我国专利权理论、伦理道德并非唯一理念。我们认为应当有限授予动植物基因专利，具体建议如下：

1. 明确基因专利中发明与发现的区别标准。发明，即"人为操作的基因"的明显程度已经达到了发明所需要的条件。自然界的基因在没有人力介入的时候不是以游离方式存在的，人为操作的基因之所以可以视为发明，是因为已经游离出来了，不再是单纯的天然之物。所以单是发现或者单纯的提取某种基因还不能算是发明，只是发现。此外，对于操作应当具备明显程度的要求实质是专利权上"量"的体现。

2. 出于伦理道德的考虑，必须对基因专利进行限制。毋庸置疑，基于社会的共同利益，必须对基因技术及其获得专利的权利进行道德评价，因此有必要设定授予基因专利的范围，比如仅设定在农业领域或者植物领域，反对为了维护垄断权而进行的任何实验等等。

3. 限制基因专利的垄断性。获取基因专利就意味着在专利保护期内获得了垄断地位，这对于科技的发展可能形成障碍，而且发达国家会在动植物基因研究上对我国形成相当的优势地位，造成后者的损失。所以有必要限制垄断性，比如规定较短的保护期；在强制许可上设定较低的标准；对基因专利本身提出高要求从而拒绝低水平的专利技术，避免基因专利数量庞大造成的专利屏障。

4. 根据生物多样性公约（CBD）设定我国提供动植物资源所需要的保护性规定。由于我国受工业影响较少，动植物资源多样性保持的比较完善，因此基因丰富、优良，很多外国公司就试图从中找出所需的基因，本文开头所述的事件就是其中之一。如果外国公司比我们先期找到相关基因并且进行操作，那么我们就成为了基因提供者的地位，根据公约，我们有权要求外国研究机构事先告知其发现事项并且取得我们的同意，并且有权参与技术开发和研究工作并且进行利益分配。我们应当加入这个公约，在国内法设定相关的规范。因为我国的农业领域成为基因竞争的焦点，国外基因技术强大，国内基因专利申请者良莠不齐，所以在没有想出更有利、更有效的保护手段之前，承认基因专利恐怕是比较合适的举措。我国在1993年的专利法修订中就将化学物质纳入专利保护范围，实际上已经为基因专利保护打开了通道，而且随着科技对人们伦理道德标准的影响，传统道德对基因专利的排斥也被削弱，尤其是世界上存在着完全承认基因专利的发达国家，因此人们开始重新评价我国的保守态度，这几年基因专利的申请数量就说明了这些变化。这些都增加了我国进行基因专利保护的可行性。

2005年

联名提案人：邓浦东　田麦久　刘政奎　李仁霖　宋晓华
　　　　　　邵　鸿　周　翔　郑祖康　赵　俊　赵维娜
　　　　　　韩忠朝　曾　华　谢小军

建议国家制定肥料分类技术标准和肥料法规的提案

目前我国化肥的使用量占世界首位，我国粮食增产中的化肥的贡献率在40%左右，肥料尤其是化肥在我国农业生产中占据十分重要的地位。近年来，劣质化肥坑农事件时有发生。今年4月1日，中央电视台《焦点访谈》曝光了湖南省衡阳、永州少数磷肥生产企业大肆制售低质磷肥，坑害农民利益的不法行为。随后，温家宝总理就此事作出重要批示，要求国家质检总局直接查处并公布结果，提出整改要求，对全国化肥市场立即部署一次普遍检查。相关部门和各省相继进行了普查，并加强了管理，已经取得一定的效果。然而，在肥料生产和流通领域存在的一些问题仍没有从根本上得到解决。主要表现在：

1. 化肥结构不合理，复合肥问题多。复合肥料具有养分高、施用方便等特点，深受农民欢迎。但我国化肥以单质肥为主；化肥的复合化程度不高，只有24%左右，有效成分不足和产品标识混乱问题比较突出，常常误导农民，损害农民利益。今年4月国家质量监督检验检疫总局公布，近年来对化肥产品的抽查显示，复混肥和过磷酸钙产品质量问题较多。2002年第二季度国家质量监督检验检疫总局抽查复混肥，总养分含量指标不合格占不合格产品总数的45%，2003年第三季度过磷酸钙抽查中有效磷含量不合格的产品占不合格产品数的50%。

2. 有机肥料中的有毒有害物质，如重金属、抗生素等，具有进入食物链的危险，也会造成环境污染。

3. 部分中微量元素肥料和生物肥料科技含量低、养分浓度或活菌数不达标，对其作用的宣传常常夸大。

4. 近年劣肥难以监管的根本原因是我国没有肥料法，导致监管力度不够。农业部正在拟定肥料管理条例，试图以此规范对肥料的管理，但这只能管理归口农业部管理的几个肥料品种，对其他部门管理的肥料品种不能起作用。

5. 我国至今仍没有一个较为全面和准确的肥料产品分类体系，以及相应的质量标准和检测方法，导致管理制度存在漏洞、监管难以准确到位，而使得许多厂商任意给肥料命名，误导农民群众。我们认为，从根本上解决劣肥坑农问题的途径是制定国家级的统一的肥料分类规范和肥料法。肥料法的制定涉及多个部门，情况较为复杂，估计需要较长时间才能完成。当前可先组织制定肥料分类规范，建立和完善肥料标准体系的基本框架。肥料产品分类规范是肥料法的技术支撑，也是相关部门进行有效管理的基础和依据。在此过程中，要充分考虑现有标准和新增产品标准。同时应大力提高检测水平，不断完善检测方法。这些都可以成为各部门对肥料进行管理的一致的、权威的依据，也是肥料立法的技术基础。待技术及其他条件成熟时，再行制定肥料法。

2005年

联名提案人：邓浦东　田麦久　刘秀晨　刘政奎　李慧珍
　　　　　　吴博威　何玉成　宋晓华　陈心昭　邵　鸿
　　　　　　周　翔　郑祖康　赵维娜　黄　荣　韩忠朝
　　　　　　曾　华　刘鸿麻

关于全国布鲁菌病疫情亟待引起关注的提案

布鲁菌病（简称布病）是个具有世界性的人畜共患传染病。在世界200多个国家和地区中有160多个国家和地区的人畜间有布病存在和流行。在我国31个省市区中25个省市区（包括4个直辖市）的人畜间都有不同程度的布病存在和流行。现有布病疫区县1200余个，受威胁人口达3.5亿之多。毫不夸大地说，布病是全国性的疾病，是个大病。布病既危害人群健康又影响畜牧业发展，故布病的危害是双重的。但就当前社会发展和布病疫情回升而言，布病的危害性是多重性、多方面的。布病是我国西部省区的重点疾病，而西部省区又是当前旅游热点地区，同时开发西部省区，大量易感人群涌入这些地区必将进一步引起布病疫情更大波动，甚至导致西病东移现象出现。布病疫情波动又必将影响我国外贸业发展，如果畜间疫情得不到控制，继续蔓延，必将影响我国乳、肉、皮毛乃至牲畜出口贸易及国内市场。布病疫情重新活跃，除上述危害外，还将影响民生需求。我国老百姓生活水平日新月异的改变，乳、肉、皮毛及其制品成为寻常百姓日常生活中必不可少的物品。但因畜间的布病存在势必影响这些畜产品的产量和质量，据可靠资料统计，因布病可导致乳、肉、皮毛等产量减少15%—20%，甚至还影响名贵中药的供应，如鹿茸、鹿胎、鹿鞭和麝香等。自20世纪80年代中后期以来，人畜布病疫情出现波动，而且这种波动具有世界性。我国经几十年人兽医共同努力，将猖獗一时的人畜布病疫情由20世纪50—70年代的10%—20%感染率降到80年代后期至1992年的0.3%—0.8%。既出乎意料又在意料之中的是自1993年开始，我国人间布病出现反弹，而且逐年增加，有愈演愈烈之势。

我们通过10余年全国人间布病疫情综合分析发现：①有稳定疫情报告（即年年有人间疫情）省、区、市有11个，有波动性（即有时有报告，有些年无报告）

疫情报告省、区、市有13个。但其中青海、广西、四川、甘肃、宁夏波动小，而其疫情变化不大原因应调查和分析。②疫情明显回升的省、区有11个。全国布病疫情回升主要于西部省区、东北和华北省区。③布病病死率不高，12年间在发病数万人中只有11名患者死亡。这个数字是不可靠的，应予以认真分析。在早些年代报告布病病死率约1%—3%。其病死率明显下降有多种原因。报告有布病死亡病例的有内蒙古4例、西藏5例、山西1例、辽宁1例，共11例。

我国布病疫情回升的主要原因：

1. 近几十年来各类牲畜，尤其是羊、牛盲目、无序的流动，而且对流动羊、牛及牲畜无布病检疫，检疫失控。羊牛广泛流动是与牲畜贸易自由、市场随意开放、交易又无检疫分不开的。其主要原因是生活水平提高，需乳、肉及皮毛量猛增；另一个原因是老百姓为脱贫致富家庭养殖业迅猛发展等所致。如山东滨州地区邹平县原来是布病疫区，1992年经考核已达到控制标准，但1995年又出现羊流产人发病的局面，经调查表明是人畜布病又重新流行。在流产的26只羊中有14只羊有布病阳性（53.8%），在受检的55人中呈布病阳性占58%，32人患布病。经追查传染源证实是当地居民从外地购入染疫羊，并分离到了布氏菌。又如，河北省磁县某乡于1995年只有1例新发病人，1996年突然出现11例布病暴发，经调查得知是因为居民从外乡购入40余只不经检疫的羊，羊群中有拐子羊，流产羊占33%。再如1995年山西省长治市某乡调查看到，从布病疫区省购入1只羊，仅半年时间使全村43只羊全部感染，自首发病例确诊后，仅两个月发展到29例。据辽宁省报告，1982—1989年辽宁省已无布病发生，近些年人畜间布病不断出现，而且分离到布氏菌。追查原因表明，群众为脱贫致富而逐渐从外省购入不经检疫的小尾寒羊，其结果造成全省布病回升。他们从外地购入44群羊中经检疫看到有24群混有布病阳性羊。

2. 人、兽医布病防制（治）队伍削弱，机构解体、转岗，专项经费极端匮乏。牲畜不经检疫自由流动，其原因就是因兽医部门机构解体，人员流失所致。在20世纪80年代，我国有专业从事布病防治的人医、兽医专业人员有近万人，全国主要布病疫区省市自治区的省市县各级都有人、兽医布病防治机构。而现在尽管布病疫情已经愈演愈烈，但很少有布病专业人员在开展布病防治工作。

3. 卫生部门及兽医部门（尤其农业部）都非常不重视此病。因为这个病主要发生在农牧区（不在大城市），不易被领导看到。卫生部门重点是HIV、鼠疫、霍乱、肝炎和出血热等，兽医部门是口蹄疫、禽流感和疯牛病等。这些病世界重视，国家重视。重视这些病无可非议，但对疫情明显回升，危害较重的病亦应兼顾。

4. 与乳、肉等畜产品监督减弱有关。国际上已有多起报告因吃了消毒不彻底或未经消毒乳而发生布病。我国大连、张家口、山西、内蒙古等多次报告因吃了羊肉串、烤肉、涮羊肉、喝生奶等发生布病。因城、乡生活水平提高，饮食结构改变，对肉、乳等需量增加，未经处理奶大量流入市场，私屠乱宰的牛、羊肉等上市（不经检疫），这些势必酿成人间布病上升。

5. 综合防治措施执行不力。国内外不断报告，布病疫情回升多半与此有关，对疫畜不能进行及时检疫、淘汰，对健康牲畜不能进行菌苗免疫；对各类职业人群不能进行有效防护，对食品（乳、肉）不能进行良好监督，对皮毛不能进行消毒，对疫畜围场不能进行消毒处理，对各类海关、关卡、交通要道、牲畜市场等不能进行良好检疫等等，均是引发布病回升的原因。

建议：

1. 农业部与卫生部共同召开布病防治工作会议，研讨控制布病疫情问题。

2. 农业部与卫生部共同组建布病防治专家咨询委员会。

3. 当前的疫情已经很严重，控制布病必须加强人医与农业兽医部门的合作，而且以农业兽医部门为主，卫生部门参与协助方能有效防止人、畜间布病，防治家畜布病为治本，防治人间布病为治标。

4. 卫生和兽医部门共同加强布病监测。在原有监测方案的基础上科学调整，真实反映布病疫情现状，为制定防治策略提供可靠依据。

5. 参照《中华人民共和国传染病防治法》《中华人民共和国动物防疫法》等法规标准依法防治布病，有关部门要加强防治布病的宣传、教育工作。

6. 要在疫情严重的地区成立专门的防治机构，并有相应的经费、物质保障。

2005年

联名提案人：邓浦东　刘政奎　陈心昭　邵　鸿　郑祖康　曾　化

关于尽快解决农村教师工资拖欠问题的提案

一、解决农村教师工资拖欠的迫切性

据不完全统计，至2000年4月，全国农村教师工资拖欠总额高达135.6亿元，覆盖了北京、上海和浙江、西藏之外的27个省区。尽管2001年中央政府将农村教育经费的支出责任主体由乡镇上调到县，然而这种体制并没有从根本上改变现状。全国人大常委会副委员长路甬祥在2003年9月10日于人民大会堂举行的"庆祝教师节及纪念《教师法》颁布十周年座谈会"上披露："拖欠数额依然较大，涉及范围依然较广，而且有的地方陈欠未清又添新欠。"他引述的教育部的有关统计显示：截至2002年7月，全国累计拖欠教师工资距国家规定标准还有127.06亿元，涉及24个省区；其中2002年1—4月新欠14.6亿元，涉及21个省和420多个县级行政区域。需要特别注意的是，列入教育部统计范围之内的拖欠额，仅仅是"国标部分"，即中央政府"统一规定的工资项目及标准"，它大约占教师应领工资的70%左右，属于《国务院关于基础教育改革与发展的决定》中规定的"必保项目"。而在"国标"之外，还有占工资总额30%左右的津贴、补贴并没能纳入教育部的统计，这就意味着全国的拖欠状况远比上述所列严重得多！在2000—2003年，单河南一个省，最多时全省竟拖欠国标工资28.5亿元；内蒙古、甘肃、陕西、山东的拖欠数额也相当巨大。据有关资料显示，到2004年6月，除了北京、上海、浙江等极少数地区外，其他省、区、直辖市在原有拖欠基础上又添了无数新账。农村教师的生存状况可想而知，农村基础教育隐藏的危机令人担忧！

二、解决农村教师工资拖欠的对策建议

加快体制创新，利用财政、法律等多种力量和手段进行调控，建立符合当前农村教育发展实际的财政投入、教师工资发放和人事管理体制，是解决农村教师工资拖欠问题的关键。

首先，建议修改《义务教育法》或专门制定《义务教育投入法》，改革现行教育财政投入机制，建立规范的农村基础教育转移支付制度。在《义务教育投入法》中应当明确规定中央政府和地方各级政府对义务教育经费投入在财政支出中的最低比例。另外应强化中央和省级政府在农村义务教育投入中的地位和责任，也就是在"对农村义务教育实行在国务院领导下，由地方政府负责、分级管理，以县为主的新体制"中，使农村义务教育的责任更加明确。实行"分类承担"，即对现有的592个国家级贫困县，应由中央政府拿钱全部承担；对欠发达地区（包括省级贫困县）则主要由省里拿钱承担（中央也应适当给予补助）；对发达的地区，可由市县自己承担。

其次，深化农村学校人事制度改革。通过改革，分流一批不能胜任教学的学校富余人员；建立合理的农村师资输入和交流制度，促进教师合理流动；建立教师职业准入制度，严格控制教师总量，减员增效，以达到减少财政负担的目的。

再次，完善民间办学机制，拓宽义务教育制度的收入来源。应当探索多渠道的民间办学方式，包括公立学校的局部市场化运作、公立学校"一校两制"的市场化运作、股份制学校的市场化运作等。积极鼓励社会资本发展民办教育、看护中心以及寄宿制学校，解决不同收入层次对农村基础教育的不同需求。

最后，在执法层面加强督察，强化责任。要严格实行教师工资发放情况季度报告制度，加强对农村教师工资拖欠与挤占挪用教育经费的督察，真正做到依法治教。尽快建立农村教师工资发放领导责任制，针对少数地方县乡领导只强调本地经济薄弱，财政困难，而不采取有力措施，致使本地农村教师工资拖欠严重的现象，要严格按照有关法律法规追究有关领导人的责任，从法律和

制度上保证教师工资的发放。

2005年

联名提案人：邓浦东　田麦久　冯培恩　刘石民　刘政奎
　　　　　　刘荣汉　邵　鸿　罗锡恩　周　翔　郑祖康
　　　　　　赵　俊　徐国权　韩忠朝　曾　华

关于解决内河闸坝碍航问题的提案

在内河上建闸筑坝，其功能除了防洪外，主要是发电和航运。闸坝拦水可以形成势能以发电，也可以使河道加深变宽，有利于行船。但是在水利水电工程的建设中，建设单位往往重视其防洪、发电功能，忽视其航运价值，主要表现在不建、缓建过船设施，或建设的过船设施规模小、标准低，造成内河运输碍航或断航。例如，横穿广西的红水河，西连云贵，东入珠江而接广州，是一条通江达海的黄金水道。但一处处闸坝却将其一次次拦腰截断：大化电站使其自1975年至今断航29年，百龙滩电站使其自1993年断航13年。按水运发展规划，红水河应为可通航500吨级船舶的四级航道，但岩滩水电站只建250吨级升船机，龙滩电站本期最大过船能力也只按250吨级建设。这些闸坝将这条河流分段切割，破坏了其航运的整体性和连续性。据统计，目前我国河流上建设的水利水电等各类枢纽4100多座，不具通航功能的就有1800余座，占44%；建有船闸或升船机等过船设施的860座，其中能正常使用的仅570座，占总枢纽数的14%。西部地区八省市（广西、云南、贵州、湖南、湖北、四川、重庆、陕西）这一问题更为突出，目前通航河流上共建枢纽943座，其中建有过船设施并能正常使用的仅85座，占总数的9%。全国河流因兴建闸坝造成断航达4万多公里。

一、造成内河闸坝碍航的原因主要有以下几方面：1.建设单位单纯追求经济利益。当前水电枢纽建设多数已成为企业行为。在市场经济条件下，企业以追求投资效益最大化为目标。过船设施属公益性建设，占水电枢纽总投资的10%—25%，建成后不但没有经济效益，还要支付管理、运营费用，因此企业积极性不高。2.相关政府部门之间缺乏统筹协调机制。内河资源开发利用应统筹考虑其防洪、发电、航运、灌溉、环保等各方面功能，在我国这些功能分属不同的政府部门管理。由于缺乏一种统筹协调的机制，在实际管理中有时会出现重视某一方面而忽视另一方面的情况。3.有关水资源的法制建设尚需完善。我国《水法》规定："在通航河流上建设永久性拦河闸坝，建设单位必须按照设计和施工方案同时修建适当规模的过船、过木、过渔建筑物，并解决施工期间的船舶、排筏通航问题。"国务院发布的《航道管理规定》也有类似的条款。但一是这些法规缺乏可操作性（如没对过船设施的标准、规模等作出具体规定）和处罚力度，二是政府相关部门缺乏执法监督的有效手段，因而在实际执行中并没产生应有的作用。4.内河航运基础设施投资不足。过船设施作为内河航运的基础设施，具有公益性特点，政府应该给予一定投入。但目前政府在这方面投资很少。

二、我们认为，内河航运虽然是一种古老的运输方式，但今天仍具有重要的价值和意义。就经济价值来说，内河航运价格只有铁路的1/2、公路的1/4；就资源价值来说，内河航运基本不占土地（而四车道公路和复线铁路每公里分别占地60亩和30亩），其能耗也分别只有火车的1/2、载货汽车的1/7；就环境价值来说，公路单位货运量二氧化碳和氮氧化物排放量分别为水路的2倍和3倍，铁路单位货运量造成的污染是内河水运的3.3倍。特别是在政治上，内河航运特别是西部地区的内河航运，以便捷的水道将老少边贫地区与东部发达地区连接在一起（例如，红水河通航可使云南、贵州的煤、磷等资源直达广东），这对于促进老少边贫地区经济繁荣、民族团结、社会稳定，加快其全面建设小康社会的步伐，具有重要意义。为此建议国家对内河航运给予更多的重视。鉴于目前水利水电建设方兴未艾的趋势，建议首先抓好水利水电建设中的碍航问题。1.充分认识内河航运的重要性。各有关方面应立足于以人为本、全面协调可持续的科学发展观，充分认识内河航运所具有的占地少、能耗低、运量大、成本小、污染少、效益高的"绿色运输"特色，把水运资源作为生产力的一个重要要素，在内河资源开发中将其置于更加重要的位置。2.建议全国人大以内河枢纽建设碍航问题为主组织一次《水法》执法检查，对于检查出的有通航需求的碍航闸坝，责令有关方面制定出建设过船设施的时间方案和计划，并按期检查。3.加强与碍航相关的法制建设。建议补充、完善《水法》或制定《航道法》，对内河枢纽建设中过船设施建设的责任主体、标准、规模、审批程序、监察主体、处罚措施等做出明确规定。4.完善内河枢纽建设管理机制。建议由发改委牵头建立水利、能源、交通、环保等部门参加的部际高层合作协商制度，定期研究水资源开发和保护事宜，对在通航河流上新建的水电枢纽进行通航设施专项审批，以避免新的碍航闸坝出现。5.加大内河航运建设资金的投入力度。建议继续建立和完善内河航运建设专项基金，在闸坝过船设施建设上，可以其为引导资金，推动建设单位、地方政府等相关各方共同投入，逐步形成过船设施建设的有效投资机制。

2005年

关于用"四一三"健康保险模式进行
平价医院试点的建议提案

在今年全国卫生工作会议上，卫生部发出在全国各地市建立平价医院的号召，平价医院现已成为全社会关注的热点。应该说，通过建平价医院，让全国有更多的弱势人群病有所医的出发点无疑是好的，但对采用"收支两条线"的平价医院管理方式有不少专家提出了异议。认为这种管理方式，只不过是沿用了过去计划经济体制下的医院管理方式，因而也就无法避免因"大锅饭"和"铁饭碗"机制而导致工作效率低下，医院医疗成本和政府管理成本过高的弊端，加之我国是个发展中国家，尤其是经济欠发达地区的财力有限，而贫困人数又多，必然导致最终因政府财力不堪重负而平价医院难以为继。所以寻求一种能低成本运行，既能让更多的弱势人群看得起病，又能让全国有更多的地方政府出得起钱的平价医院运作模式已是当务之急。

据了解，有一种已经十年研究，并已通过国家科技部成果评审验收的国家软科学研究成果——"四一三"健康保险模式（以下简称"四一三"模式），具有低费高效（实践证明可将成本下降50%—70%）的运行机制。所谓"四一三"模式，即"四定一自由三方付费"模式。四定：定首诊定点医院、定医保费用、定医保质量、定医院定点人数规模（即将所有参保人的医保费用连同医保责任按人头包干给首诊定点医院，费用超支不补，结余归医院）。其目的是变医院"点菜"让别人埋单为让医院自己"点菜"自己埋单，促使医院不该点的"菜"自觉不去乱点，从而最有效地控制浪费。一自由：允许参保人如对首诊定点医院的医疗服务质量不满意，可以定期（一般每年一次）自由重新选择医院定点，任何单位和个人不得干涉。其目的是促使医院该点的"菜"

还必须得点，从而确保参保患者的医疗服务质量。三付费：参保患者就诊，由首诊定点医院、患者本人、医保经办机构或政府三方共同支付费用。由医院出大头、患者出小头、医保经办机构或政府支付特殊费用（特殊费用为因自然灾害等导致参保人群致病致伤定点无力承担的费用）。其目的是让患者在看得起病的同时也要有费用意识；让医院在有费用意识的同时又不至于因无法抗拒的外部原因将医院压垮。

如果平价医院能借用这种运作机制，也许能达到更加理想的运行效果。其主要做法是：根据全国各地不同的经济条件，不同程度地加大政府的资助力度，以帮助和吸引更多的城乡弱势人群参加医疗保险，并大幅度降低弱势人群参加医疗保险的缴费负担（因"四一三"模式的实际运行结果能同比下降50%—70%，那么可将弱势人群的参保缴费标准比当地现有标准至少下降40%）；在全国各地级以上城市选择2家以上具备一定条件的综合性医院作为弱势人群的医保定点医院，由弱势人群自愿选择一家医院作为自己的医保定点医院；由政府经办机构将所有已参保的弱势人群的医保费用和医保责任按人头包干给定点医院，费用超支不补，节余也全归医院；如果定点医院条件有限，可外聘专家会诊，或转其他条件更好的医院治疗，其费用由定点医院负担；参保弱势人群患病就诊时，患者个人只需按规定支付少量费用；如果参保人对定点医院的医疗服务质量不满意，可以定期（一般一年一次）有重新选择其他医院定点的自由，任何单位和个人不可以任何理由进行干涉。

这种把"四一三"模式与平价医院结合起来的做法有望能实现我们期望的目标：一是能让更多的弱势人群看得起病。由于这种平价医院改变了普通医院的运作机制：变医院自己"点菜"别人（即政府、用人单位、患者）"埋单"为由医院自己"点菜"自己"埋单"的机制，因而医院必然会自觉控制滥开药、滥检查和药价虚高等不规范的医疗行为，更加注重医疗效果，那么患者个人的医疗费用负担必然就会减轻。同时，因这种平价医院是采用医疗保险方式运作，那么患者到医院看病个人所承担的医疗费用负担必然要比普通平价医院轻得多，尤其是大病患者的医疗费用。二是能让更多的地方政府出得起钱。因为这种平价医院采用了"四一三"模式由医院自己"点菜"自己"埋单"的机制，医院能自觉地、最大限度地控制浪费，政府的管理成本和医院的医疗成本能大幅度下降，那么政府的资金投入负担也会明显减轻。同时，通过医疗保险的运作方式，向平价医院投资的除了政府和患者外，实际上还有用人单位和不就诊的健康参保人，具有较强的社会共济功能。由于能大幅度降低医疗成本，因而使有的地方政府可以较少的资金投入让较多的弱势人群通过获得医疗保障而病有所医。

因此我们特提出如下建议：一、建议有关政府部门对"四一三"模式进行研究、完善，使之能在平价医院的建设中发挥作用。二、在全国选择若干不同经济条件的省和直辖市，尤其是政府财政条件较差，而困难群众较多的省或市进行"四一三"模式平价医院试点工作。三、在试点省（或直辖市）的省会城市和部分地级城市，通过一定的方式选择两家以上符合一定条件（最好条件基本相当）的综合性医院（允许符合条件的民营医院参与竞争）作为具有"四一三"模式运作机制的平价医院，它的服务对象主要是城乡的低保人群，并逐步向其他困难人群扩展。四、平价医院要利用政府和社会资助、医疗保险共济，尤其是"四一三"模式的低费高效运行三个方面的共同作用帮助困难群众病有所医。作为试点，除当地政府和社会的资助外，要争取中央财政的适当支持。

2006年

关于搞好农业废弃物利用，增加有机肥投入的提案

我国传统农业是一种符合循环经济理论的生产模式。农业生产中产生的各种废弃物大多在农业生产过程中得到消化，如产生的秸秆被用作肥料、饲料及燃料，产生的畜禽粪便被用作肥料，少有固体废弃物排放。但是近些年随着农业生产的发展，农业废弃物数量急剧增长，而利用率则迅速下降，大量原本是宝贵资源的农业废弃物反过来成为农村的主要污染源。据估算，我国的农业废弃物的年产生量已由1994年的30.1亿吨增至2002年的48.8亿吨，但利用率却由1994年的49.13%下降到2003年的34%。

目前，约30%的农作物秸秆被焚烧，约10%的秸秆长期堆放于沟渠、路边，严重污染大气与水环境。全国养殖场的畜禽粪便进入水体的流失率高达25%—30%（有的专家认为平均已达35%—40%，东部地区还要更高），全国养殖场的COD排放量约占全国COD污染负荷的36.5%，高于工业废水的31.6%和生活废水的31.9%，而我国的畜禽粪便总产生量则已达工业固体废物产生量的2.2倍。农业废弃物资源得不到充分利用，造成有机肥施用比例不断下降，化肥用量迅速上升，我国现以占世界9%的耕地用掉了占世界近30%的化肥。20世纪50年代，我国有机肥占肥料养分投入总量的90%以上，1980年为47.1%，2000年为30.6%，据《2004年中国环境状况公报》的数字，2003年已降到25%。

这给我国的经济与社会带来了一系列问题：第一，有机肥是最有效的消纳有机废弃物资源的手段，有机肥利用不足使得有机废弃物大量堆积，养分流失，污染环境，据10余个省的调查资料，在农村面源污染中，农业废弃物所占份额达到35%—40%；第二，长期不施或少施有机肥，会造成土壤肥力下

降，对原本就质量不高的我国耕地形成了根本性的威胁；第三，有机肥不足造成化肥利用率大幅度下降，不仅浪费了生产和进口化肥所消耗的大量能源和外汇，同时过高的化肥用量已成为农业生产中的最大支出项，大幅度提高了产品成本，降低了农业经济效益、产品竞争能力和农民经济收入，影响了农业的可持续发展。

大量研究表明，化肥与有机肥配合施用，既可以提高农产品的产量和质量，还可以大幅度提高化肥利用率，降低肥料对环境的污染，是肥料应用的根本措施。化肥与有机肥的配合施用比例在低肥力土壤上为4∶6，高肥力土壤上为6∶4，平均为5∶5，是公认的合理施肥方案。我们应该争取在2030年我国人口达到最高峰时实现这一目标。2003年我国农田养分总投入量为6000多万吨，如2030年达到1亿吨，由于农业废弃物的养分量大约有7000万吨，只要农业废弃物的有机肥利用率达到60%—70%，就可以实现在肥料投入中有机肥达到50%的目标，而化肥用量将只需小幅度增加（由4411.6万吨增加至5000万吨）。如若保持目前化肥与有机肥比例，化肥需求量将超过7000万吨，我国的农田环境与农村经济均将不堪重负。

可用于生产有机肥的农业废弃物越来越多，但利用率却越来越低，以致资源成了污染源。据我们的调查分析，其主要原因是：1.有机肥的生产、使用及其配套技术落后。传统的农家肥积制与使用技术费工费时，又脏又累，不符合当前省工高效的要求。加之农民大多缺乏运输工具，运输这些重量和体积巨大的有机肥（包括传统的土杂肥、堆沤肥、沼气肥）存在困难，而缺乏大型农业机械进行田间作业，也妨碍了秸秆还田的普及。随着养殖业的逐渐规模化，由于许多农民不再饲养畜禽，缺乏畜禽粪便作为氮源，传统的堆沤积肥技术与沼气入户工程的推广都存在很大困难。2.农民使用的土地属集体所有，虽然实行了长期的承包责任制，但是由于缺乏稳定感，农民大多对培肥土壤的积极性不高。有机肥除具备给作物提供养分的功能外，还具备培肥土壤的功能，如果不考虑后者，那么有机肥的投入在经济上反而不如化肥合算，这也就是农民重视化肥却轻视有机肥的根本原因。3.一些废弃物的质量下降，用于有机肥存在一定的风险。如农村的生活垃圾，过去几乎不存在什么有害成分，可全部用作土杂肥，而现在生活垃圾中的金属、玻璃、塑料等越来越多，由于缺乏分类回收的意识与条件，所以现在几乎完全排除在有机肥资源之外；又如畜禽粪便，现在大多饲喂配合饲料，一些配合饲料铜、砷等化合物及抗菌素、生长激素严重超标，其畜禽粪便作为有机肥使用，将对土壤造成污染。不仅农民不愿意使用，连科技人员也不愿意推广。

4.工厂化生产的商品有机肥价格过高，只能用于高经济价值的作物，大面积推广受到限制。

上述问题的产生表明：对农村变革与经济发展过程中产生的新矛盾，我们缺乏应对措施。当农村经营规模缩小、专业化生产加强、青壮年男劳动力减少、劳动力价值提高以后，有关农业废弃物的有机肥加工利用技术与政策却没有与之相适应的变化，致使其利用受到影响，农业循环经济的链条也就随之断裂。这反映了政府只是一般性号召，几乎看不到任何的实际措施。第一，有关有机肥的科研工作严重滞后。近20多年来，有关有机肥的科研经费一直很少，科研队伍逐渐萎缩以至消失，"九五"以后则完全停止了这方面的研究。不去研究，怎么会有适应需要的有机肥新技术与新设备呢！第二，有关有机肥的管理工作严重滞后。许多应该由政府进行的管理工作没有人去做，如考虑畜禽粪便环境消纳容量的畜禽养殖场合理布局，畜禽养殖场的环境控制与管理，畜禽饲料的污染物控制，耕地地力的保护政策等。

为此，建议：1.鉴于当前有机肥技术严重滞后，当务之急是加强有机肥的科研工作。第一，组织一次全国性的有机肥资源量及应用状况普查。我国现在有机肥现状不清，除十多年前有一次较为严格的调查材料外，近些年报刊上发表的有关数据不仅零星片面，而且差异极大，混乱不堪，难以指导当前的有机肥开发利用。第二，在普查基础上制定我国有机肥发展规划，明确发展目标、区域布局与基本措施。第三，将有机肥积制、使用技术与装备的研究列入国家重点科研项目，尽快突破在当前的经营体制下有机肥的适用技术，如秸秆、养殖场畜禽粪便与沼气肥的无害化处理与直接利用技术及其装备。2.加强对农村废弃物与有机肥的管理工作力度：特别要从食品安全和环境安全的角度来抓好有机肥料的质量监督与管理、农村垃圾的分类收集与处理、畜禽养殖场的规划与布局、畜禽养殖场的周边环境管理、饲料添加剂的质量控制等项工作。从饲料—畜禽粪便—有机肥—作物的各个环节对有害物进行监控，保证农产品的安全，并减少病菌传播，防止疾病流行。3.认真总结并大力推广可行的有机肥资源开发与田间施用技术：作物秸秆和畜禽粪便是有机肥资源开发重点，现在河北等地已经出现了购置机械装备为农户提供作物秸秆粉碎与还田有偿服务的专业户，符合发展方向，应该总结与推广。4.搞好政策配套措施：首先要在全国地力调查的基础上制订耕地地力保护条例，对耕地地力的升降实行奖惩，并纳入地方政府的业绩考核内容，以从根本上鼓励有机肥的施用。对利用农业废弃物生产有机肥的企业应该实行税收减免，以降低成本，扩大应用。

2006年

关于促进企业成为技术创新主体的若干建议的提案

《国家中长期科技发展规划纲要》提出，要使企业成为技术创新的主体。笔者近期对此作了一些调研，深感我国企业距离这一要求还有相当距离。为此提出以下建议：

一、提高企业自主技术创新的能力

企业要成为技术创新的主体，首先要具有自主技术创新的能力。但现阶段我国企业自主技术创新的能力还比较薄弱，这主要表现在两个方面。一是研发投入严重不足。目前我国国有大中型工业企业研发经费支出占销售收入的比例总体不到1％，而发达国家企业一般为5％左右。二是研发力量薄弱。我国2.8万多家大中型企业拥有研发机构的只占25％，75％的企业没有专职人员从事研发活动。因此建议国家采取措施促进企业自主技术创新能力的提升。一是增加用于促进企业自主技术创新的投入。有观点认为，实行市场经济特别是加入WTO后，政府就不应对企业技术创新给予经费支持。据统计，我国政府对企业的科技投入自2000年以后大幅下降，在全国大中型工业企业科技经费中所占比重由以前的7％下降到2003年的3.2％。相比之下，美国20世纪50年代同一数据一直在50％以上，2003年仍高达11.1％。目前国家财政科技投入主要集中在大学和科研机构，用于支持企业的仅占10％，而发达国家一般在30％以上。笔者认为，我国企业正处于自主创新的起始阶段，政府应该给予大力支持。当然这种支持不应是像计划经济那样把资金划拨到企业，而应是按市场经济的法则引导资源合理配置。如可通过支持企业参与中央和地方的科技计划来增加其研发投入、提高其创新能力；通过支持竞争前研究和共性技术平台建设提高行业的技术水平；通过设置专项引导资金鼓励社会兴办各种风险投资公司、中小企业贷款担保公司等，以解决科技型中小企业研发的资金瓶颈问题。二是促进企业壮大研发力量。人才短缺特别是高层次人才匮乏是目前制约企业自主技术创新的瓶颈。建议：1.通过项目引导、政策优惠措施鼓励优秀人才流向企业，鼓励大学和科研院所的教授专家挂职去企业工作；2.把目前给予国有高新技术企业的股权激励政策扩大到所有国有企业，并适当降低门槛，以建立对科技人才的中长期鼓励机制；3.通过项目依托、财政贴息、税收减免等政策优惠鼓励和引导科研机构、高等院校与企业联合建立研发机构，包括与有条件的大型企业建立工程类国家重点实验室和工程中心，提升产学研结合的层次，强化企业在产学研结合中的主体地位。

二、强化企业自主创新的动力

企业自主技术创新有赖于能力，也需要动力。《国家中长期科技发展规划纲要》配套政策对调动企业自主技术创新的积极性具有重要意义，建议增加以下内容以使之更加完善。

1. 制定自主创新产品的税收优惠政策。自主技术创新比之引进技术、仿制产品投资大、周期长、风险高，但销售与纳税却一样，因而一些企业积极性不高。因此建议国家制定"自主创新产品认证条例"，并据此给自主创新产品所得税减免和出口退税政策；反之，对于引进国内已有设备的则应增加税收。

2. 扩大政府采购范围，将国家重大建设项目和国有企业采购重大设备、产品也纳入其中，以鼓励自主创新。

3. 改革国有企业绩效考核指标体系，除了国有资产保值增值，还应把企业研发投入、专利成果、研发机构建设、长期技术储备等反映企业自主技术创新能力的指标作为考核的基本内容，以增强国企领导人自主技术创新的动力。

三、营造有利于企业自主技术创新的社会环境

1. 加大知识产权保护力度。目前企业特别是国企反映的一个比较突出的问题是技术成果随着技术骨干的流动而流失，给企业造成重大损失，但因取证难、地方保护等原因很难通过司法途径得到有效解决。建议有关部门认真研究

解决办法，如能否采取异地审理、设立知识产权法院等措施，以提高此类案件审理的公正性与专业性。同时建议有关方面在对《专利法》修改的同时，尽快启动《商业秘密法》的制定。

2. 实行公平的税负政策。目前给外资企业的税收优惠政策使同行业的本国企业处于竞争劣势，不利于本国企业的自主创新，而针对高新技术开发区和经济技术开发区的税收优惠政策，打击了区外企业自主创新的积极性。建议实行内外资企业统一税率，对内资企业则不看其是否在园区内而只看其产品是否具备自主创新标准而给予税收优惠。

3. 完善自主创新的金融支持环境。加快研究建立风险投资的退出机制，制定《风险投资基金法》，适时推出企业版；在试点的基础上，积极推进未上市高新技术企业进入证券公司代办系统进行股权转让工作；通过设立政府引导基金大力推动建立科技创新金融担保机制、科技成果转让保险机制等。

4. 建立引进技术消化吸收再创新的社会协调机制。目前技术设备的引进是由项目业主运作的，而对引进技术设备的消化吸收再创新则应是由制造企业完成的。但在实际的引进过程中二者并无联系，因而使消化吸收再创新受到影响。建议建立由有关政府部门、行业协会、设备引进企业和设备制造企业等有关各方面组成的协调机制，以促进引进技术消化、吸收再创新。

2007年

【会议发言】

资源开发要节约存量发展增量

最近，我国经济生活中出现的能源紧张、耕地减少等问题再一次引起了人们对资源的关注。我国资源有限，人口众多，人均资源占有量远低于世界平均水平：耕地为世界人均水平的42％，淡水为27％，森林为20％，煤、石油、天然气分别为56％、15％、10％。我国目前正值经济高速发展时期，许多资源的消费增速已经接近或超过国民经济的发展速度，在可预见的未来，对资源的需求将会越来越大。有专家预测，到2050年，我国资源年耗将相当于2000年的3倍。如何保持自然资源的可持续利用，保证资源对2020年实现全面建设小康社会的宏伟目标和本世纪中叶基本实现现代化的有效支撑？笔者认为，首要的是贯彻节约原则，不仅在使用上要贯彻节约的原则，在开发上也要贯彻节约的原则。关于前者，人们谈论已很多；至于后者，笔者认为很重要的一个内容是资源开发要节约存量，发展增量。

第一，加强国土资源建设，增加自然资源总量，特别是要大力发展海水淡化及直接利用。通过植树造林种草以增加森林草场，通过改造盐碱地、荒漠地以增加耕地面积，这些都已为人们所熟知。笔者想谈谈海水淡化及直接利用问题。我国陆地上的淡水资源总量是相对稳定的，而经济与社会发展对淡水资源的需求则是刚性增长的。特别是沿海地区，经济发展，人口稠密，目前淡水供需矛盾突出，今后将会越来越严重。如果在沿海地区大力发展海水淡化和海水直接利用（海水冷却、海水冲厕等），就可以为内陆地区节省下更多可资利用的淡水资源。这实际等于增加了我国淡水资源的总量。有人认为海水淡化成本太高，这实际是误解。清华大学与烟台市合作建造日产8万吨高品质饮用水的核能海水淡化工程，设计每吨成本3.7元，已与报载中线南水北调北京市每吨3.6—4.2元的水价相近。因此建议在我国沿海地区大力发展海水淡化及直接利用。

第二，充分利用国外资源，减少自有资源开发。鉴于我国人均资源低于世界水平，我们应通过政策倾斜大力鼓励矿产、林木等资源进口，最大限度地利用世界资源，保存自有资源。自20世纪80年代以来，全球范围内非油气矿产总体呈现供大于求趋势。这为我们利用全球矿产资源提供了机遇和条件。利用国外资源不只是进口一种形式。为了保证国家资源与经济安全，我们应大力实施资源开发"走出去"战略，增加在海外资源开发方面的投资，发展跨国公司和跨国经营，以保证我们能稳定持久地利用国外资源。

第三，大力发展可再生能源，节省不可再生能源。能源是支持经济发展的最重要资源。我国煤、石油、天然气等不可再生能源只分别占世界经济可采资源量的12%、3%、2%，用一点就会少一点。而我国的可再生能源却具有很大的开发空间：我国水电资源世界第一，目前仅开发了20%（发达国家一般在50%以上）；核电不到全国发电装机的1%，远低于世界16%的平均水平；太阳能、风能、地热能等开发利用的规模更小。因此建议调整能源结构，大力发展可再生能源，节省不可再生能源，以保证我国能源长期持久供应。

第四，大力发展资源回收再利用，减少存量资源消费。目前发达国家钢、铜、铅等大宗金属回收再利用量已达消费量的30%—50%。如果我们能达到这样的水平，就意味着可以少开发相应的存量资源。这对于资源的可持续利用无疑具有重要意义。

2004年

统筹区域发展要从改革税制入手

我国区域经济发展不平衡已成为制约全面建设小康社会和实现现代化的重要因素，是完善社会主义市场经济体制过程中需要着力解决的问题之一。

在市场经济条件下，促进区域经济平衡发展的办法有两个：一是中央政府对欠发达地区加大财政转移支付力度，支持欠发达地区的人民自己发展；二是改革税制，在欠发达地区少收税，对欠发达地区的生产者多予少取，吸引发达地区和国外的投资者到欠发达地区开发。财政转移支付是必要的，但是不可能靠财政转移支付从根本上解决问题。《中共中央关于完善社会主义市场经济体制若干问题的决定》指出，按照统筹发展的要求，主要任务之一是"形成促进区域经济协调发展的机制"。财政转移支付是"输血"，形成协调发展机制是"造血"。欠发达地区的经济要健康地发展，必须形成"造血"功能，靠"输血"过日子永远只能是"病人"。

欠发达地区的根本问题是区位优势差。由于区位优势差，产品离市场远，流通成本高，投资者或生产者在"一刀切"的经济政策条件下不可能获得高于平均利润的利润，这是"欠发达"的基本"病因"。

长期以来，我们在制定政策时不重视经济学中的比较利益原则，不考虑针对具体情况区别对待，政策往往是"一刀切"，这是没有形成促进区域经济协调发展机制的主要原因。我们的政策应当充分发挥市场在资源配置中的基础性作用，促进生产要素合理流动。

资源合理配置说到底是资本和劳动的合理配置。资本合理配置的核心问题是资金合理流动，而资金合理流动的前提条件是让投资者或生产者能在需要发展经济的地方获得高于平均利润的利润。劳动合理配置的核心问题是人才合理流动，而人才合理流动的前提条件是在需要人才的地方，劳动者可以获得高于平均劳动报酬的个人收入。现在，我国中、西部缺乏资金和人才，归根结底是因为投资在中、西部得不到超平均利润的利润，劳动者在中、西部得不到超平均劳动报酬的收入。根据《中国统计年鉴》数据计算，2002年西部十一省市区（因情况特殊，未含西藏，下同）平均每100元固定资产（固定资产净值年平均余额，下同）创造的利润额只有4.76元，比全国平均水平9.09元低4.33元，西部十一省市区的平均利润水平只有全国平均利润水平的52.3%。浙江省每100元固定资产创造的利润额最高，为15.50元，西部十一省市区的平均利润水平不足浙江利润水平的三分之一。欠发达地区一般人居条件都比较差，应当在收入中获得补偿，但是，根据《中国统计摘要》数据计算，2002年西部十一省市区的职工年平均工资为11237元，相当于全国职工年平均工资12422元的90.4%，相当于上海市年平均工资23959元的46.9%。欠发达地区的城镇居民可支配收入和农村居民的纯收入水平也都低于全国平均水平。2002年，西部十一省市区城镇居民人均可支配收入为6547元，相当于全国城镇居民人均可支配收入7703元的84.9%；西部十一省市区农村居民人均纯收入1822元，相当于全国农村居民人均2476元的73.5%。由此可见，西部的企业和职工得不到合理的利润和劳动报酬是西部欠发达的根本原因。要解决欠发达地区的经济发展问题，就必须采取有效措施提高欠发达地区的资本利润率和居民的收入水平。否则，就不可能引导资金和人才向欠发达地区流动，从而欠发达地区的经济也不可能发展，统筹地区发展的目标将会落空。

要让投资者在欠发达地区获得超平均利润，在市场经济条件下，政府唯有改革税制，别无他方。因为在技术和管理水平不变条件下，欠发达地区的企业要与发达地区的企业竞争，不利的因素是流通成本无法降下来。我们应当区别情况调整税种和税率，保证不同地区的同行业企业能平等竞争。我国实行分税制，考虑到欠发达地区地方财政比较困难，建议只调整"国税"部分的税种和税率，不要减少地方财政收入。为了使欠发达地区的地方政府在招商引资方面更加主动，还建议赋予地方政府在一定幅度内调整地方税种和税率的权力。在可能条件下，地方政府也给投资者予以优惠，以鼓励国内外投资者到欠发达地区投资。

　　珠三角和长三角能够迅速发展的原因只有两条：一条是有好的区位优势；再一条是有向海内外招商引资的特殊政策。主要是减免税政策和出口退税政策。但是，欠发达地区与珠三角和长三角相比，有自然资源优势。区位是无法改变的，自然资源优势也是无法改变的。如果税赋政策能将商品的区位附加成本抵销掉，投资者在有自然资源的地方能获得超平均利润的利润，劳动者能获得超平均劳动报酬的收入，资金和劳动就会流向那里，那里的经济就会发展起来。有人说，欠发达地区经济发展不起来，主要是干部群众思想保守，观念落后。我们不完全同意这一观点。二十多年前，珠三角，包括现在的深圳市所在地保安县，那里的干部群众思想观念也并不先进，既没有多少自然资源，又没有多少人才，如果没有特区政策和区位优势，他们的经济也不会发展起来。关键是政策，当政策能充分发挥市场配置资源的作用时，一切生产要素都可以合理流动，欠发达的地方也可以发展起来。过去的保安县能变成今天的深圳市，今天的欠发达地区也一定能在明天变化为珠三角和长三角！我们建议从改革税制入手，形成资金和劳动合理流动的机制，促进区域经济平衡发展。

2004年

（张化本代表九三学社中央发言）

立足国家水资源战略　大力推进海水利用

水资源短缺是一个世界性课题，也已经成为制约我国经济与社会发展的一个瓶颈。世纪之交，世界银行发出警示：世界上近40％的人口没有足够的洁净水，水危机正在向人们逼近。许多人预言，21世纪将是"水的世纪"，争夺水资源的战争将是世界面临的主要危险。我国人均水资源占有量2200立方米，只有世界的四分之一，被联合国认定为十三个严重缺水国家之一。占我国经济总量三分之二的沿海地区，缺水形势尤为严峻。沿海工业城市人均水资源大部分低于500立方米，其中天津市、上海市的人均水资源量低于200立方米，属极度缺水。如何解决水资源短缺问题，保证我国经济社会的可持续发展？我们认为，除了节流，在开源方面应大力推进海水利用，使其在我国水资源战略中占有更加重要的地位。

第一，海水利用不仅可以解决沿海地区水资源短缺问题，而且可以增加我国淡水资源的总量。我国陆地上的淡水资源总量是相对稳定的，而经济社会发展对淡水资源的需求却是刚性增长的。开采地下水、调水固然都是解决水资源短缺的重要途径，但它们只能解决我国淡水资源时空分布不均的问题，并不能增加淡水资源的总量。而以海水替代淡水，取之不尽，用之不竭。通过海水淡化、海水做工业冷却水和冲厕用水等措施，不仅可以有效解决我国沿海地区淡水资源供求紧张的矛盾，而且可以节省下更多的淡水供给内陆地区，这实际等于增加了我国淡水资源的总量。

第二，海水利用有利于解决地下水超采造成的生态环境问题。我国因地下水严重超采，已出现56个漏斗区，总面积达8.2万平方公里，导致沿海地区海水入侵。据有关资料，仅长江三角洲地区由于过度开采地下水引起地面沉降，所造成的损失已达近3500亿元。发展海水利用可以不开采或少开采地下水，从而有利于解决这些生态环境问题。

第三，海水利用技术为污水处理开辟了新途径。海水利用技术不仅可以用于海水淡化，还可以用于工业废水、中水的深度处理和地下水污染的处理。鲁南化工使用海水淡化技术不仅治理了工业废水，而且回收了氯化铵产品，达到了循环经济的要求；而用海水淡化技术处理受污染的浅层地下水的费用只相当于开采深层地下水的六分之一，这对于解决超过三分之一的农民喝不到干净饮用水的问题无疑具有重要意义。

第四，海水利用可以成为我国的一个优势产业和一个新的经济增长点。我国是世界上少数几个掌握海水淡化技术的国家之一，只要产业达到一定规模完全可以在国际市场上占据一席之地。例如，我国的蒸馏法海水淡化如果实现产业化，在价格上与发达国家有约40%的竞争优势。

有人认为海水淡化成本太高，其实这是个误解。目前，我国海水淡化的吨水成本已降到5元左右。随着技术进步和规模扩大，成本还会进一步下降。更重要的是，海水淡化水的水价是没有资源环境问题的"绿色水价"。目前自来水价格虽低于海水淡化水的价格，但如果把地面沉降、海水入侵和调水中占用耕地等资源环境成本计入，恐怕不一定会比海水淡化水的价格低（据有关预测，北京市综合水价年内有可能调至6.0元左右）。因此，在解决我国水资源短缺问题上，应以全面、协调、可持续的科学发展观为指导，确立"绿色水价"标准，对地下水开采、调水和海水利用等措施的成本和价格进行全面合理的分析，以因地制宜、择优选用。

九三学社中央近年来一直就海水利用问题进行呼吁。我们认为，应当从战略高度充分认识海水利用对解决我国水资源短缺问题的重大意义，确立海水是可利用的水资源的观念，加快研究制定有利于海水利用的水资源战略和规划，并提出以下建议：

第一，合理定位。确立海水作为沿海缺水地区重要水源、海岛第一水源的战略地位。沿海地区特别是缺水城市要统筹海水利用与跨流域调水、全面节水、中水回用、地下水开采的关系，把海水利用放在突出位置，使之成为保障区域水资源可持续利用、经济社会可持续发展的战略措施。

第二，制订规划。将海水利用列入国民经济和社会发展第十一个五年规划当中；尽快制订国家海水利用专项规划；有关政府部门要研究提出关于促进海水利用的指导意见；沿海地区在制订经济与社会发展规划时要把海水利用作为规划基础，采取措施推动电力、冶金、石化、纺织等高用水企业和房地产项目积极利用海水。

第三，规模示范。我国海水利用技术基本成熟，通过规模示范推动产业快速发展是目前的当务之急。建议国家大力扶持有基础、有需求的企业和地区，建立海水淡化、海水冷却、海水冲厕、地下水污染治理、工业废水处理等各种类型的示范工程、示范城市或示范区。

第四，科技进步。建议将海水利用技术纳入国家中长期科技发展规划和国家重大科技专项，加快其技术进步和产业化步伐。设立国家海水资源开发利用工程研究中心，掌握核心技术，提供海水利用方面的重大基础性和共性关键技术支撑，集成并推广先进适用技术、工艺、装备，加快海水利用关键技术与装备国产化进程，提高装备标准化、系列化和成套化水平。

第五，政策扶持。建议国家有关部门研究制定鼓励海水利用的财税政策，重点支持海水利用重大项目；加快水价改革，以合理的水价机制引导企业增加海水利用量；在当前水价尚不到位的情况下，应使海水淡化企业享受与自来水厂同等的公益性补贴。

第六，加快立法。研究和建立海水利用标准体系。加快海水利用立法步伐，建立健全法规体系。海水利用立法应明确规定政府和企业利用海水的责任和义务，对有条件利用而不利用的要规定相应的法律责任。

2005年

（张化本代表九三学社中央发言）

大力推动生物质能源发展

能源问题是当今世界面临的重大挑战，也是我国面临的重大课题。在当前石油价格高位运行、化石能源资源短缺的形势下，发展可再生能源已经是一个战略的选择。可以说"谁最先占领可再生能源利用的先机，谁就在未来全球经济发展中占据有利地位"。生物质能是最重要的可再生能源之一，目前受到世界各国的普遍重视。在我国化石能源十分短缺、进口石油依存度近40%的情况下，开发利用生物质能，对于维护我国能源安全、优化能源结构具有重要意义。另外，在"三农"问题尚未得到根本解决的今天，大力推动生物质能源发展，还有利于改善生态环境、调整农村产业结构、增加农民收入及解决农村剩余劳动力就业问题。

近年来，我国不断加强生物质能的开发利用工作，在有些领域（如沼气）取得了显著的成绩。但总体来看，我国生物质能的开发利用还没有得到应有的重视和推动。这主要表现在以下方面：

1. 我国生物质能资源非常丰富，但利用率非常低。我国是农业和林业大国，幅员辽阔，生物质能资源非常丰富，具有开发利用生物质能的良好条件和潜力。据估算，我国生物质能资源每年可转化为能源的潜力，近期约为5亿吨标准煤，远期可达到10亿吨标准煤以上。如果加上荒山、荒坡种植的各种能源林，资源潜力在15亿吨煤以上。然而据统计，截至2004年底，我国生物质能利用情况为：年产沼气70亿立方米；生物质发电200万千瓦；生物质液体燃料100万吨。总计约折合0.1亿吨标准煤，即实际利用生物质能不足近期可利用生物质能资源的2%。

2. 生物质能的发展仍然处于低水平、小规模阶段。经过10多年的发展，我国对生物质能转化利用技术从理论上和实践上进行了广泛的研究,积累了相当的经验和技术,有些技术甚至达到国际先进水平。但总体上,我国技术的进步同世界先进水平相比,仍有较大的差距。

3. 生物质能商业化运营步伐迟缓。国外的许多生物质能技术和装置基本上都实现了工业化、规模化生产,达到了商业化运营程度,如大中型沼气工程和垃圾填埋发电技术等。巴西的乙醇开发计划更属世界之首,目前乙醇燃料已占该国汽车燃料消费量的50%以上。技术的局限、不健全的生物质能利用市场,以及鼓励政策和措施的缺乏,使得生物质能与我国低价位化石能源价格相比,毫无竞争优势,导致了我国生物质能长期处于商业化的前期,有的还停留在示范阶段。这在一定程度上也阻碍了一些科研成果转化为生产力。

生物质能源是世界各国下一轮能源竞争的重点之一,我国不能在初始阶段就落后。为此建议:

1. 尽快编制出台《生物质能发展专项规划》。要把生物质能源的发展置于发展可再生能源的重要位置,着眼于长期发展。要组织人员开展生物质能源摸底调查和评价工作,在详细了解我国生物质能资源量和分布情况、做好生物质能开发利用的评估评价基础上,制定切实可行的生物质能开发利用规划。

2. 加大财政资金支持力度。建议以上年度中央及地方财政收入的一定比例,建立稳定的有一定规模的生物质能源发展专项资金,用于对生物质能科研、示范、推广和项目建设等前期工作的支持和对利用生物质能制造出的产品的补贴。对于已经能够商业化运营、具有赢利能力的生物质利用项目,可通过财政资金引导积极鼓励社会、民间资本介入。

3. 实施鼓励生物质能源发展的政策措施。认真落实《可再生能源法》的优惠政策,尽快研究促进生物质能源发展的高价收购、投资补贴、减免税费和配额制度等政策措施。积极研究制定有利于生物质能开发利用的新措施,如对企业使用生物质能源的,对减少的CO_2排放量给予成本补贴等。对于开发、利用生物质能突出的法人单位、企业或个人,各级政府要通过各种形式予以表彰、奖励。

4. 加快建立促进生物质能源发展的市场机制。政府要发挥主导作用,研究制定一系列有利于生物质能发展的法规、规章制度(如规定电网企业负有收购生物质能发电电力的义务，国家机关、国有企事业单位车用燃料必须使用一定比例的生物质能源，逐步推广北方地区冬季供暖燃烧生物质燃料等），以此为突破口，培育生物质能市场，推动生物质能产业发展。

5. 加大自主研发和引进技术消化吸收再创新力度，推动生物质能源产业化。一是要进一步完善并全面推广现已基本成熟的生物质气化发电和供气技术，提高该部分设备的自主开发制造能力，掌握一些核心技术知识产权。二是对通过研发试验，关键技术基本成熟的，可边完善边产业化，加速科研成果转化成生产力的步伐。例如"十五""863"成果"醇甜系列"甜高粱是具有耐贫瘠、耐盐碱、耐干旱、耐涝等特性的优良能源植物，目前我国甜高粱种植示范基地已达10万亩以上，建成年产2万吨燃料乙醇的工业化生产能力，国家应加大支持力度，以尽快实现甜高粱燃料乙醇的产业化。三是国际上已成熟运用、我国短期内难以突破的先进技术和相关设备，要加大引进力度，在此基础上进行消化吸收和再创新，以进一步缩短与发达国家间的差距。

6. 要加大优良生物质能作物品种的选育和能源农场的建设力度。在现有光皮树、黄连木、文冠果、甘薯等已经发现的能源植物基础上，加强对木本能源植物的生物学特性、经济性状进行研究，加强对能源植物的性能、生产工艺、技术设备进行系统配套研究，并将基因工程等现代生物技术广泛应用于优良植物的选育，建立良种繁育基地。同时，尽可能充分利用山地、非垦荒地，建立以获取能源为目的的生物质能作物生产基地，以能源农场的形式大规模培育生物质能作物，更大限度地获取高产能生物质能资源。对森林覆盖率高的一些地方，应大力推进能源林基地建设和开发利用。

2006年

维护劳动者合法权益 构建和谐的劳动关系

维护劳动者的合法权益，是落实以人为本的科学发展观、构建社会主义和谐社会的重要内容。近年来我国经济快速发展，但不容忽视的是，一些企业特别是非公企业为追求经济效益的最大化而侵犯劳动者权益正成为一个普遍存在的社会问题。这主要表现在以下几个方面：一是不与工人签订劳动合同，据调查，中小型非公企业劳动合同签订率不到20%；二是随意拖欠或克扣工人工资，2004年全国劳动保障监察部门查处的各类案件中，克扣和拖欠工人工资的占41%；三是不提供国家要求的各种社会保险；四是压低工人工资，随意延长工作时间并不付报酬，一项调查显示，12.7%的职工工资低于当地最低工资标准；五是工作环境恶劣而使工人健康受到危害、生命受到威胁（据统计，目前我国有毒有害企业超过1600万家，接触职业病危害因素的人数超过2亿），工人生活环境不符合起码的安全、卫生要求，等等。这些问题在农民工集中的企业表现尤为突出。据统计，我国劳动争议受理案件每年大约以30%以上速度增长。侵犯劳动者权益已成为影响我国社会和谐与稳定的一个严重问题。

侵犯劳动者权益问题的深层次原因主要有二。一是对保护劳动者权益问题缺乏应有的重视。一些地方政府片面地把发展归结为GDP增长等经济指标，担心加强劳动维权工作会影响招商引资和经济增长，致使一些企业为追求利润最大限度地压低劳动成本，不履行社会责任。二是经过二十多年的改革开放，我国市场化的劳动关系已占据主导地位（据统计，2002年底各类非国有单位从业人员已占城镇全部从业人员的70%多），但与之相应的体制、机制、法制等尚存在许多不适应之处。为了维护劳动者的合法权益、构建和谐的劳动关系、促进社会稳定，提出以下建议：

一、各级政府要树立和贯彻以人为本的科学发展观，对保护劳动者权益工作给予更多的重视。要把安全生产指标、劳动工资水平、企业参保比例、劳资纠纷数量、劳动维权状况等作为政府的政绩考核指标，扭转一些地方"单纯抓经济，见物不见人"的发展模式，建设和谐的社会劳动关系。

二、加大《劳动法》及其配套法律法规的贯彻实施力度。1995年我国实施了《劳动法》，随后又制定了《劳动保障监察条例》等一系列行政法规。目前存在的主要问题，一是贯彻实施不利，二是有些法规滞后于实践，有待完善。为此建议通过深化改革，加强体制、机制、法制建设，改变劳动关系中劳动者与用人单位相比明显处于弱者地位的现状；解决工资调控、劳动安全、职业培训以及社会保障等方面有法规却难以具体实施的问题；探索农村进城务工人员的劳动权益得到有效保护的途径；有效建立工资集体协商机制，满足劳动者工资合理增长的要求；加大对违反《劳动法》行为的惩处力度；等等。

三、加强劳动保障监察执法工作。劳动执法监察是维护劳动者合法权益的有力手段，但目前这些工作明显强度不够。主要原因有三：一是2004年颁发的《劳动保障监察条例》的处罚力度不够，难以起到警示与震慑作用；二是劳动监察人员多为事业单位编制，且人员严重不足，既缺乏执法的权威性，又无力应付量多面广的劳动违法案件；三是在现行"块块领导"的劳动监察体制下，一些地方政府"重资本，轻劳工"的指导思想也在一定程度上影响了劳动执法监察的力度。因此建议：1.通过修改现行法律法规等方式，加重对违反《劳动保障监察条例》行为的处罚，以强化劳动保障监察执法工作的力度；2.将劳动执法机构划入国家行政序列，增加执法人员，完善执法条件；3.完善劳动执法的监督机制，顺畅举报渠道，加快对举报的处理速度，强化工会组织的监督，加强社会监督和新闻监督以保证有法必依、违法必究、执法必严。

四、建立企业劳动保障守法诚信制度。通过在企业中推行劳动保障守法诚信自律活动，推动各类企业建立与社会主义市场经济体制相适应的依法自我规范、自我约束、自我激励、自我发展的劳动保障管理机制；加强对企业劳动保障的法律法规执行情况的监督检查工作，除了劳动执法部门外，还应吸收人大代表、政协委员、工会代表、行业协会代表等有关方面人员参加，并对企业执行劳动保障法律法规的情况做出评价；定期向社会公布企业劳动保障守法诚信情况，确立失信惩戒和守信受益的机制，加大企业在劳动保障方面的违法成本。

五、加大在非公企业和农民工集中的企业中建立工会组织、开展维权工作的力度。工会是维护劳动者权益的组织。近年来虽加快了在非公企业和农民工中的发展速度，但仍不能适应需要。据有关资料，2004年我国工会会员净增长1350万人，80%以上是农民工。但即使如此，最少也要10年以上才能将农民工全部纳入工会系统。而且在一些企业，由于种种原因，即使成立了工会，也不能有效维护劳动者权益。因此在一些农民工比较集中的地区出现了一些以地缘和血缘关系为纽带的维权组织。这些"另类"维权组织固然解决了一些劳动者维权问题，但也有可能发展成为潜在的社会不稳定因素。因此，建议加快在非公企业中建立工会的步伐，尽快将农民工吸纳到合法的维权组织中。同时要强化与完善工会维护劳动者权益的机制，畅通劳动者特别是农民工的利益诉求渠道。

2006年

实施自主创新战略　建设知识产权强国

加强自主创新，建设创新型国家已成为我国的国家战略。在知识经济和经济全球化时代，自主创新成果往往表现为知识产权形态，以科技实力为核心的国际间的竞争也往往表现为知识产权的竞争。改革开放以来，我国虽然利用劳动力和土地资源等成本优势，使某些产品在全球市场上占有了可观的份额，但这些产品的技术专利或品牌却是人家的。发达国家和跨国公司借助手中大量的知识产权资源及知识产权保护这一武器，利用我国廉价的劳动力和自然资源，通过合资、独资办厂或收取高额知识产权许可费而获取高额利润。我们付出高昂的资源环境代价，却获利甚微。不仅如此，他们还利用自有的知识产权优势圈地布雷、强化保护，严重地挤压了我国企业自主研发的空间。因此，实施自主创新战略，必须大力发展自主知识产权，制定和实施国家知识产品战略，建设知识产权强国。

有人认为，对于我们这样的知识产权弱势国家来说，制定和实施知识产权战略不合时宜，无异于作茧自缚。这种观点值得商榷。首先，国家知识产权战略乃是贯穿于知识产权创造、管理、实施和保护全过程的整体战略，而不是单纯的知识产权保护战略。其次，实施国家知识产权战略无疑要加强知识产权保护，这可能会使一些企业付出一定代价，但从长远来看，却有利于激发全社会加强自主创新、发展自主知识产权的积极性。这对于提高我国知识产权创造和利用能力、建设创新型国家，无疑具有重要意义。应该看到，我国在知识产权方面与发达国家虽然存在差距，但也存在着巨大的潜力。我国已成为世界高等教育第一大国，科技人力资源总量已达3200万人，研发人员总数达105万人／年，分别居世界第一位和第二位。我国在生物、纳米、航天等领域研发能力已居世界前列。我国国内专利的年申请量和授权量正在快速接近发达国家水平，商标的年申请量和审查量则已连续三年高于发达国家水平。这使我们有理由相信，通过实施国家知识产权战略，我们完全有可能把我们的国家建设成一个知识产权强国，从而在激烈的国际竞争中立于不败之地。

当然，我国的知识产权现状也存在着许多与形势发展不适应之处。例如，社会公众的知识产权意识普遍薄弱；知识产权人才队伍和基础建设严重滞后；创新过程中缺乏有效的知识产权分析和导向；各领域中知识产权管理力度不够且科技性差；企事业单位运用知识产权制度参与市场竞争尤其是应对国际知识产权纠纷的准备和经验还很不足；社会中介服务机构发育不成熟。为了实施知识产权战略，建设知识产权强国，我们提出以下建议：

1. 加强宣传教育，提高全社会特别是各级政府的知识产权意识。要把知识产权指标纳入到政府官员政绩考核体系当中，促使各级政府坚持不懈地抓好知识产权的宣传教育工作，不断提高我国人民创造、利用和保护知识产权的意识。

2. 大力加强国家知识产权战略研究，并将其纳入中央和地方各级政府、各企事业单位的发展规划。一是要加强对美、日等国实施知识产权战略情况的跟踪调查，及时了解知识产权竞争的优劣，制定与自身发展相适应的知识产权战略；二是把知识产权战略切实纳入国家、地方、行业及企业的发展战略当中；三是选择一些重点领域，开展知识产权战略研究与运用工作，并在培育和形成新的科技优势后，尽快将其提升为知识产权优势，抢占制高点；四是鼓励企业对引进技术进行消化、吸收、创新，进而形成自主知识产权，改变我国企业长期以来重引进、不重消化吸收再创新的状况。

3. 完善政策，鼓励创新，努力提高我国自主知识产权的数量和质量。一是要制定相应政策措施，确保知识产权管理纳入经济、科技、对外贸易管理工作当中，并在各种科技、经济活动评价体系中增加知识产权指标或加大知识产权的比重；二是在科技管理中要将科技成果能否合法产业化作为科技决策的重要前提，并将获取知识产权的数量和质量作为检验科技创新成功与否的重要标准，鼓励科技成果申报知识产权；三是要在知识产权法律规定的基础上，细化知识产权归属和利益分配的规定，发挥知识产权制度的激励作用；四是要把实施知识产权战略作为管理科技创新的基本手段，把它纳入科技创新全过程，使之成为国家创新体系中的重要组成部分。

4. 大力加强知识产权社会服务体系建设和社会管理。一是要加强对企事业单位建立和完善知识产权管理制度的分类指导；二是要建设大规模、高质量、专业化的知识产权信息资源库群，为公众提供完整、准确、高效的知识产权信息查询服务；三是切实加强对知识产权中介服务机构的市场规范和政策引导，以形成符合市场经济发展需要的知识产权服务产业。

5. 完善知识产权法律法规体系，促进知识产权的保护和防止知识产权的滥用。我国知识产权法律法规在促进保护和防止滥用两方面都还存在不足之处。特别是知识产权滥用方面，到目前为止，我国还没有反技术垄断方面的法律法规。因此，建议在研究各国知识产权立法并结合我国国情的基础上，认真做好知识产权法律的修改完善工作。如尽快修改《专利法》《商标法》《反不正当竞争法》等现有法律中不适应当前知识产权保护和防止知识产权滥用的有关条款；启动出台《知识产权基本法》《反垄断法》《职务发明创造条例》等有利于知识产权保护和禁止知识产权滥用的法律法规。

6. 建立实时高效的知识产权预警应急机制。要加强对国外知识产权法规和政策变化的跟踪研究，建立一整套知识产权预警和应急的管理体制和运作程序，对可能发生的知识产权事件及时发出警示预报并提出对策建议。

7. 加强知识产权人才队伍建设。要通过在高校开设必修课或选修课，在社会开办各类培训班等方式，加快培养和造就一批懂专业、会管理、熟悉法律和国际规则的知识产权人才。要在加强对领导干部和知识产权工作人员培训的同时，重视对科技人员知识产权的知识培训。

2006年

和谐社会呼唤教育公平

社会公平是社会和谐的重要标志，而教育公平是促进社会公平的"最伟大的工具"，因而是和谐社会建设的必然要求。近年来我国教育不公平问题突出，成为影响社会公平和社会和谐的重要因素。这主要表现在以下几个方面：

一、城乡教育差距大。1986年《义务教育法》颁布前，中国城镇已经普及了小学和初中教育。但直到2004年，仍然有至少10%的农村地区没有普及九年义务教育。据调查，占总人口不到40%的城市人口获得了77%的教育投资，而占总人口数60%以上的农村人口只获得23%的教育投资。

二、高招定额不公平。高考招生分省定额、划线录取的方式，加剧了发达地区与欠发达地区之间原已存在的教育不公平。如北京市高中毕业生数量只占全国的0.9%，但北大、清华在京招生却占总招生的13%和18%，群众反映强烈。

三、教育收费负担重。近年来，大学的费用比1989年增加了20多倍，大大超出了同期城乡居民收入的增长水平。中学择校风愈演愈烈，为进重点学校而交赞助费，使许多经济条件差的家庭苦不堪言。这些高昂的教育收费把一些贫困家庭的子女拒之门外。

我国教育不公平产生的原因主要有三：一是政府投入严重不足，且分配不合理。《中国教育改革和发展纲要》明确到20世纪末国家财政性教育支出占GDP的比重为4%，但实际上直到2004年才达到3.27%，远低于世界平均5.1%的水平。此外，城市与农村、经济发达与欠发达地区、重点校与非重点校教育投入的不均衡使不同人群难以获得平等的教育。二是教育资源不均衡与乱收费导致教育不公。在国家教育投入不足的情况下，为了解决经费短缺问题，一些地方政府允许大中学校提高收费标准。另外，为了解决优质教育资源供不应求的矛盾，提高收费标准便成了一些学校的选择。由此导致：一方面，造就了教育接受特权，占有优质教育资源的机会更多地取决于个人的财力和权力，形成弱势群体的不满，加深了不同社会阶层之间的矛盾；另一方面，滋生了教育腐败现象，监察部公布的数据显示，仅2003年1月至2005年8月之间，全国查出的教育乱收费就达16.9亿元。三是教育改革滞后。一些制度，如教育投资制度、重点（示范）中学制度以及高考招生制度等，还具有计划体制的色彩，成为造成教育不公的制度性根源。

公平是和谐社会的基本条件。一个社会不可能做到财富的绝对公平，但要尽力做到机会的公平，而教育公平则是机会公平的基础，因而也是构建社会主义和谐社会的一项基础性工作。为此建议：

1. 落实"优先发展"战略，加大教育投入力度。要大幅度增加财政教育经费，使之明显高于同期财政的增长幅度，争取在一两年内实现财政教育经费占GDP4％的目标。同时鼓励社会资金大量投入，形成公办与民办教育共同发展的格局。

2. 调整教育投入结构，改革教育财政体制。要实行农村教育投入倾斜政策，尽早实现农村义务教育全免费，提高九年义务教育的质量；要改变中央教育投入在高等教育领域比重过大倾向，使之更多地向基础教育、职业教育和欠发达地区倾斜；要逐步上移农村义务教育的投资主体，从以县为主过渡到以省或设区市为主，并明确从中央到地方各级政府对农村义务教育的投资标准。

3. 废除"重点校""示范校"制度。改变中学教育经费"重点倾斜"的做法，代之以按教育规模公平配置资源；采取措施鼓励中小学优秀教师向师资力量薄弱的学校流动，实现中小学师资力量均衡发展；改变单纯以"升学率"考核办学质量和工作业绩的做法，研究制定以"素质教育"为内容的全面考核标准。积极创造条件，逐步废除"重点校""示范校"制度。

4. 改革高考招生制度。高考招生地域指标（特别是部属重点院校指标）的确定，不应以地方政府对学校的经济支持大小为依据，而应以该地区考生的数量和高考成绩为基础，尽可能做到使不同地区的考生具有基本平等的被录取机会。

5. 完善贫困生社会资助体系。我国高校贫困家庭学生占20%（至2005年底），虽然国家建立了以奖学金、学生贷款、勤工助学、特殊困难补助和学费减免为主体的多元化贫困生资助体系，但仍存在评定标准滞后、资金分配不均、资助力度有限、贷款门槛过高等问题，建议加大政府财政助困投入，建立普惠制社会救助机制，同时完善评定机制，积极倡导和发展各种民间教育救助方式，让贫穷学生都能上得起学。

6. 建立教育管理社会参与制度。社会的参与和监督对保证教育公平具有重要意义。要探索建立有政府、学校、受教育者及其家庭等有关方面参与的教育评价与监督机制，对重大教育政策实行咨询和听证制度，对政策的实施实行监督制度，以遏制"乱收费"和教育腐败现象，保证教育公平。

2007年

实行全民医保、按人包费、资源整合的医改方案

选择一种适合中国国情的医改方案，解决广大人民群众看病贵、看病难矛盾，是当前全社会关注的一个热点问题。笔者认为，这一方案应坚持政府主导与市场机制相结合的原则，走全民医保、按人包费、资源整合之路。

一、弄清群众看病贵、看病难的原因

群众看病贵的原因首先是政府投入不足。据卫生部公布的数据，2004年我国政府承担费用只占卫生总费用的17.1％，而个人承担的费用则高达53.6％，这其中很重要的一个原因是城镇44.8％的人无任何医疗保障，农村的比例则更高。其次是医疗机构滥开药、滥检查、乱收费、药价虚高和保费流失等加大了医疗和医保成本，进而大大加重了患者的看病负担。导致这种情况发生的主要原因，是一直被人们所忽视的医疗机构自己点"菜"（即为患者确定其购买的医疗服务），而由别人（患者、政府和用人单位）埋单的医疗和医保运作机制。这种机制使医疗机构可以凭借自身优势，通过"外部扩张"（即多"点菜"、多收费）而不是通过"内部挖潜"（即降低成本）来提高效益。由于医疗机构在"三医"（医保、医疗、医药）改革中处于关键地位（医疗机构既是医保基金的"守门人"，又是药品市场的垄断者，更是医疗制度改革的直接参与者），因此如果不改变这种机制，就会让医药市场规律失灵（任何行业如果是自己点"菜"别人埋单，其市场规律都会失灵），就会使医疗卫生机构对做好预防保健工作没有积极性，就会永远走不出要么政府不堪重负、要么患者不堪重负的医疗和医保怪圈。

群众看病难（指农村缺医少药，城市看病排长队）的原因，并不是我国

医疗卫生资源不足（有资料显示，我国2005年医疗机构病床使用率为62.9%，乡镇卫生院仅为37.7%），而是医疗卫生资源和病人资源分布不合理（占全国70%的农村人口只占有全国20%的医疗资源，而20%的城市人口占有80%的医疗资源），而又无法合理、有效流动。而不能合理、有效流动的原因，则又是因为全国已有的29万家城乡医疗卫生机构和城市大小医疗卫生机构基本上都不是"一家人"（即不是以产权关系为纽带的集团）。由于城乡医疗机构之间，城市社区卫生机构与大医院之间缺乏内在的一体化关系，使得彼此之间无法根据实际需要对资源（包括医疗资源与病人资源）及时进行灵活调整和转移。实际上，在全国发展社区卫生工作中普遍存在且一直无法解决的"双向转诊"难题主要是这个原因造成的。

二、医改要坚持政府主导与市场机制相结合的原则

通过医改解决群众看病贵、看病难问题，首要的一点是政府要履行公共服务职能、增加医疗卫生投入。接下来要解决的就是如何用好这笔钱，使有限的投入产生最大的效益。鉴于前一阶段医改过度市场化倾向违反了医疗卫生事业的规律和医患双方信息不对称的特点，有人提出通过财政补贴形式将政府资金直接投入到社区等基本卫生服务机构，使居民获得免费或低费的基本卫生保健服务，以解决群众看病贵、看病难问题。笔者认为，这种行政主导的方式诚然可以体现公平、控制费用，但却可能以牺牲效率为代价。

如果医疗卫生服务和费用由政府直接包办包揽，很容易产生"大锅饭"效率低下的弊端，出现诸如医院看病排队、服务水平下降，患者小病大养、浪费医药资源等问题。正是这个原因，使曾经执行几十年的中国高福利公费医疗，最终不得不被1998年患者高自费比例的国家医改新方案所取代。所以，医疗卫生服务既要讲公平，也要讲效率。特别是在我们这样一个人口多、底子薄、仍处于社会主义初级阶段的大国，如果只讲公平不讲效率，公平也将难以为继。既讲公平又讲效率，就要坚持政府主导与市场机制相结合的原则。政府主导并不等于政府主办，不等于政府投资包办医疗卫生服务。政府的职责应该是把握方向，保证投入，制定规划与政策，加强引导与监管。市场机制也不等于市场化，而是立足于医疗卫生行业的特点，吸纳市场经济中有利于提高效率而又能够保证公平的做

法。实行政府主导与市场机制相结合的医改方案，笔者认为主要应做好三件事：一是政府增加投入，大力推进国家拿大头、个人拿小头的社会保险和社会救助、商业保险三位一体的医保制度建设，尽快实现全民医保；二是对医疗卫生机构实行按人头包预防保健与疾病诊疗医保费用的制度，超支不补，结余归己，使医疗卫生机构增加收益的方式由"外部扩张"向"内部挖潜"转变，由重治疗轻预防向治疗与预防并重转变；三是以市场机制为手段鼓励医疗卫生机构相互兼并组成各种有预防保健与疾病诊治双层服务体系的医疗集团。

三、推荐政府主导与市场机制相结合医改探索的"四一三"模式

由科技部批准立项的国家软科学"四一三"医保帮困课题组曾提出了一个"四定一自由三付费"的健康保险模式，简称"四一三"医保模式，主要内容是：1.四定。即将所有参保人的医保费用连同医保责任按人头包干给具备一定条件的首诊定点医院，费用超支不补，结余归医院（在具体操作上有四定：定首诊定点医院、定医保费用、定医保质量、定医院定点人数规模）。其目的是变医院点"菜"别人埋单为医院点"菜"医院自己埋单，促使医院不该点的"菜"自觉不去乱点，从而有效控制资源的浪费和流失。2.一自由。即允许参保人如对首诊定点医院的医疗服务质量不满意，有定期（一般每年一次）重新选择其他医院定点的自由，任何单位和个人不得干涉。其目的是促使医院该点的"菜"还必须得点，从而确保参保患者的医疗服务质量。3.三付费。即参保患者就诊，由定点医院、患者本人、政府或医保经办机构三方共同支付费用。由医院出大头、患者出小头、政府或医保经办机构支付特殊费用（特殊费用为因自然灾害等导致参保人群体致病致伤定点医院无力承担的费用）。其目的是让患者在看得起病的同时也要有费用意识；让医院在有费用意识的同时又不至于因无法抗拒的外部原因将医院压垮。在此基础上，他们又提出了一个模式，主要内容是：1.在省会和省会以上城市建立若干紧密型医院集团，其分支机构和服务网点应自上而下延伸到城市社区及至乡村，最后在全国建立起若干家像中国电信和中国联通一样的超大型的紧密型医院集团。2.由政府将当地居民的预防保健费用连同大小病的医保费用打包，按人头包干给当地的医院集团，费用超支不补，节余归医院集团。由政府与医院集团签订医疗卫生服务责任合同

（包括服务范围和质量等）。3.居民对医疗卫生服务质量不满意可定期（一般每年一次）重新选择其他医院集团做医保定点的医院。该方案的主要优点：

一是能节约大量的医疗卫生资源，从而在大幅度提高国民健康保障水平的同时降低国家财政负担。因该方案是由政府将当地居民的预防保健费用连同大小病的医保费用打包，按人头包干给当地的医院集团，费用超支不补，结余归医院集团，从而让医院集团自己点"菜"自己埋单，那么滥开药、滥检查、乱收费、药价虚高和保费流失等违规现象将会得到有效控制，从而大幅度降低医疗和医保成本。"四一三"医保试点证明，如让医疗机构自己点"菜"自己埋单，医疗和医保成本降幅可高达50%—70%，如按有关部门测算结果，全国医改需由财政投资2600多亿元，按此方案就相当财政投资5000多亿元，那么中国实行全民医保就更有资金保障了。

二是能盘活大量闲置的医疗卫生资源。因该方案是通过组建若干医院集团，让更多的城乡医疗卫生机构和城市大小医疗卫生机构成为"一家人"，医疗卫生资源和病人资源的流动就没有机制和体制上的障碍，长期以来无法解决的"双向转诊"难题就会迎刃而解，同时，医疗卫生的"三下乡"就无须政府动员，而将会成为医院集团的自觉行动。

三是能促使医疗卫生服务机构提高服务效果和质量，让广大城乡居民获得优质、方便的医疗卫生服务。因该方案是把预防保健和大小病治疗的费用和责任同时按人头包干给医院集团；如居民不满意有定期重新选择其他医院集团医保定点的自由。同时还规定，如居民在当地医院集团医保定点人数达不到规定规模，则取消当地医院集团当年的医保定点资格。这样产生的效果是：1.为了让居民少生病、不生病，从而少花医院集团的钱，医院集团会自觉做好疾病预防和健康教育等工作。2.为了能争取更多的人医保定点，从而吸引更多的预防保健和医疗保险人头费用，医院集团必须改进服务方式，提高服务质量。

当然，任何改革和创新都不可能十全十美，在方案实施过程中可能会出现这样或那样的困难和问题，但只要大方向是正确的，一些具体做法还可以在实践中不断探索和完善。

2007年

高度重视科技投入效益问题

我国科技投入总量已达3000亿元，占GDP的1.4％以上。根据国家中长期科技发展规划，2010年这一比例将达到2％，2020年将达2.5％。科技投入快速增加无疑是一件好事，但如何用好这笔钱，使有限的投入产生最大的效益，却是一个关乎能否成功实施自主创新战略，实现建设创新型国家目标的大问题。

应该看到，我国在科技投入效益方面确实存在问题。这主要表现在以下几个方面：

1. 投入结构不合理。目前国家财政科技投入主要集中在大学和科研机构，用于支持企业的仅占10％，而发达国家一般在30％以上。我国相当比例的科技成果只停留在论文形态，并没有转化为现实生产力，产生实际的经济与社会效益，与这种科技投入取向不无关系。

2. 投入渠道太分散。我国现行的科研经费管理体制，条块分割，政出多门，缺乏统筹规划，由此造成科研项目低水平重复立项、高水平支持不足现象同时存在。部门分割的投入体制造成资源的极大浪费，例如，美国发射的MODS卫星的数据接收站，美国只建设了16座，覆盖全国，欧洲大部分国家只有1座。而我国目前已建成了30座，仅北京地区就有8座，一些地方和单位还计划在未来几年内再建50座。

3. 项目管理不完善。主要表现在项目立项、中评、验收往往由同一部门承办，缺乏权力的制约与监督，缺乏公开、公平、公正的运行机制，也缺乏项目的后评价与问责机制。这不仅容易造成资源分配不公，而且容易造成决策不当、资源浪费、学术不端、腐败滋生，从而使科技投入的质量和效果大打折扣。

4. 经费使用不规范。现行的科研单位从科研项目中提管理费、科研人员收入与项目经费挂钩等做法，引导一些科研人员千方百计地争项目、争经费而不考虑能否高质量完成项目，同时这种单位提成、个人挂钩的做法也使项目经费大大缩水，从而不同程度地影响项目质量和经费使用效益。

5. 评价体系不科学。现行的科技评价体系只看重论文和获奖而不重视科技成果的转化，只重成果数量而不重质量。由此导致一些科技人员心态浮躁、急功近利，为晋升和获奖搞"短、平、快"，甚至催生剽窃、造假等种种学术不端行为，影响了我国科研的整体质量和效益。

为了提高科技投入的效益，提出以下建议：

1. 调整投入结构。国家财政要加大对企业技术创新的支持力度，扩大财政科技经费中企业所占的比例。具体可采取以下方式：支持企业承担、参与中央与地方的科技计划；支持以企业为龙头的产学研合作，以促进创新资源（资金、人才等）向企业聚焦，促进企业尽快成为技术创新主体；加大财政对科技型中小企业创新基金的投入力度，缓解中小企业技术创新资金瓶颈之急；支持服务于企业技术创新的公共技术平台的建设；等等。

2. 整合科技资源。建议国务院科教领导小组下设科技拨款委员会，统筹协调军口与民口、中央与地方、国务院各部门的科研经费使用，并对各有关方面科研经费使用的合理性及效益进行监督、审计和问责。

3. 完善项目管理。实行科研立项、验收、监督三方分立的项目管理机制，各环节人员不应重叠，相互要有制约；项目的运行程序要公开透明，将评审专家的遴选方式、人员名单、评审结果都应通过网络等形式公之于众；建立项目后评价和监督问责制度，设立项目管理人员、评审专家、承担者诚信档案，加强对项目运行各环节违规违法行为的监督检查，并追究责任。

4. 严格经费使用。一是增加重点大学与科研机构的科研经费拨款以保证其正常运行，同时取消其从项目经费中提取管理费的做法，使这些单位在经济上与项目经费完全脱钩；二是对差额拨款、自收自支单位所争取到的科研项目经费，严格规定管理费与人力成本的费用并单独列支；三是提高科研人员的工资水平，使其与科研经费基本脱钩；四是严格科研经费的财务审计，并对违法违规行为进行责任追究。

5. 改革评价体系。一是建立与不同科研内容特点相适应的评价标准，基础研究以论文质量为标准，以同行评议方式进行，技术研发以成果转化能力和社会经济效益为评价标准；二是减少国家科技奖励数量，提高质量，逐步由奖励"项目"改为奖励"人"；三是大力弘扬科学道德，谴责弄虚作假等各种学术不端行为，对虚拟成果、评价失真等不良行为实行严格的责任追究制度。

2007年

解决中小企业科技创新资金瓶颈问题刻不容缓

中小企业特别是科技型中小企业是我国自主创新队伍中最具活力的生力军，在创新数量和效率上明显优于大企业。有数据表明，自改革开放以来，全国约66%的专利发明、74%的技术创新、82%的新产品开发都是由中小企业提供的。从世界范围看，据美国商务部统计，20世纪主要科技发明中，有60%是由中小企业或独立发明人完成的；在计算机、程控仪器、电子元件、工程和科学仪器、塑料制品和无线电及电子通信等行业，中小企业都处于科技创新主体地位。无疑，充分发挥中小企业特别是科技型中小企业在科技创新中的生力军作用，对于我国实施科技自主创新的国家战略，实现建设创新型国家的目标，具有重要意义。

但目前，中小企业在自主创新中面临着许多困难与问题，其中最为突出的就是融资难。据统计，截至2005年6月底，创造中国近6成GDP的中小企业贷款额仅占主要金融机构贷款额的16%。相对中小企业贷款需求而言，这个比例实在太小。据调查显示，中关村科技园区企业资金缺口达400多亿元，平均每家企业资金缺口280多万元，严重影响了其科技创新活动。解决中小企业特别是科技型中小企业科技创新的资金瓶颈问题关乎自主创新国家战略的成败，应当引起高度重视。为此，我们提出如下建议：

1. 完善我国科技风险投资退出机制。从发达国家的成功经验看，风险投资资金的介入是解决科技型中小企业自主创新资金匮乏的最主要方式。但目前我国风险投资发育严重不足，其主要原因是缺乏完善的退出机制。从"公开上市"这一退出渠道看，我国中小企业板上市条件过高，这使得大量中小型高科技企业无法上市融资，进而风险投资无法在我国国内通过公开上市顺利退出；

从"股份转让"和"破产清算"这两种退出渠道看，其行为都是在产权交易市场完成的，但我国产权交易市场目前存在缺乏统一的市场规则、市场条块分割严重、交易成本费用较高、交易环节多、交易品种单一等问题，严重限制了风险投资企业产权的自由转移。据统计，2005年中国319家风险投资机构管理的631.6亿元资本退出总收入仅10.3亿元。为此建议：一是放宽科技型中小企业上市标准，如可以考虑允许虽未达到国内上市标准但已成功在海外上市的公司在中小企业板上市，同时积极创造条件尽快推出我国创业板市场；二是加快产权交易市场建设，如尽快制定与市场经济相适应的《产权交易法》，大力推进全国性产权交易市场建设进程，开展对非上市股份有限公司股权的登记托管业务等；三是政府应通过税收、贷款等方面的政策优惠鼓励对风险投资介入的中小型高科技企业的兼并收购，以使风险投资能够顺利退出；四是尽快制定《风险投资法》，以从法律层面促进和规范风险投资的发展。

2. 提高国家财政对中小企业特别是科技型中小企业自主创新的支持力度。近年国家财政科技投入存在"两大两小"现象，即大部分资金用于大学与科研机构，只有少部分（约10%）用于企业（发达国家一般在30%以上）。用于企业的科技资金又大部分用于大型企业，只有少部分用于中小企业（如与企业有关的挖潜改造资金、科技三项费用、科研支出等财政预算用到中小企业创新的仅为5%左右）。"两大两小"现象叠加，国家用于中小企业创新的财政资金可以说微乎其微。因此建议，国家财政要提高对中小企业特别是科技型中小企业的支持力度，如大幅度增加现在每年仅10亿元的科技型中小企业创新基金、国家中小企业发展基金的额度，加大对竞争前研究和共性技术平台建设的支持，等等。此外，对于国家的应用性科研开发项目，建议采取事后承认与支持为主的办法。这种"不以身份资格论高下，只以成果效用论英雄"的办法，有利于中小企业特别是科技型中小企业在国家科技项目竞争中脱颖而出。

3. 尝试开办科技银行。为了更好解决科技型中小企业融资难问题，建议国家尝试建立科技银行。科技银行可定位为设立在科技企业集中的高新区内的区域性银行，其贷款对象主要是区内发展成熟的科技型企业或有风险投资支持的科技型中小企业。为了降低风险，国家可通过政策倾斜鼓励科技银行与风险投资机构建立紧密的合作关系，甚至成为其股东或合伙人，以利用风险投资机构在人才、组织方面的优势及控制风险的能力。科技银行信贷业务将只为与科技创新有关的活动提供服务，不得用于普通房地产开发和固定资产投资；科技银行实行股份制，股本来源以企业和机构投资者为主，地方和高新区政府也可少量参股，实行官助民办；科技银行可以吸收社会存款，国家可允许其在金融品种和信贷、服务方式上进行创新，如允许扩大利率浮动范围，允许知识产权等无形资产抵押贷款，允许以企业债权、股权融资等等。美国的硅谷银行就是专门为硅谷科技企业服务的科技银行，它的建立、发展和成功运作，为硅谷科技企业的兴起和发展起到了重大推动作用。我国可以学习借鉴硅谷经验，建议首先在北京中关村科技园区、上海张江高科技园区和深圳高新技术开发区等有条件的城市高新区内开展科技银行试点工作。

4. 推进再担保体系建设。担保机构在中小企业融资过程中发挥着极其重要的作用。但目前我国大多数担保公司普遍存在资本实力不足、自身信用程度较低、业务规模偏小、主营业务亏损等问题，既难以获得银行等债权人的认可，也不利于整个行业的风险控制。因此，建立为担保公司提供担保的再担保体系势在必行。具体建议：由中央政府和各省级政府出资或授权出资，吸引商业银行、各地各类担保公司和战略投资者参股，组成股份制和市场化的全国和省级再担保公司；再担保公司不与各地担保公司进行同业竞争，以市场化再担保业务为主，并承接国家各类政策性再担保资金托管业务；再担保公司在有关行业协会的指导下开展各类再担保业务，并接受有关主管部门的监督管理。

5. 加强中小企业信用体系建设。加强中小企业信用体系建设、弥补中小企业信用不足是解决其融资难问题的基础条件。首先，要在优化环境上下功夫，努力营造一种诚实守信光荣、违约失信可耻的政策法制环境和社会舆论氛围；其次，要建立中小企业商业信誉评估机制和信用档案体系，推进企业与金融机构间信用信息的共享，以此来改善银行与企业之间信息不对称的局面；再次，建立严厉的信用惩罚机制，对恶意拖欠银行贷款和逃避银行债务的企业和个人，要给予严厉的惩罚，并在媒体上予以曝光；最后，要加强中小企业的信用管理，完善企业信用管理职能，建立企业信用管理制度，保证风险管理职能落实到人。

2007年

（张化本代表九三学社中央发言）

关于北部湾经济区开发建设的若干建议

　　加强北部湾经济区的开发与建设，对于深入实施西部大开发战略，提高我国西南地区对外开放水平和发展能力；对于促进中国—东盟经济合作的进一步深化，促进泛北部湾区域经济的合作与发展；对于完善我国沿海地区区域发展布局，逐步形成发展新一极，进而带动国家整体发展水平的提升，都具有重要意义。因此，应当引起重视。

　　北部湾经济区应如何开发建设？我们认为：一要贯彻落实以人为本，全面协调可持续的科学发展观。新区的建设不仅要考虑经济效益，更要考虑政治、社会效益，考虑资源的合理利用与生态环境的保护。二要着眼于构建和谐的区域合作环境。新区建在广西，其功能与意义都不限于广西，而是中国与东盟区域合作的平台，西南各省的出海通道，因此必须立足于国家利益处理好各方面关系，构建和谐的合作氛围。三是要立足于国家的战略需求和广西的区位优势来规划新区的产业布局，谋划经济与社会发展方略。

　　我们认为，全国政协调研组对北部湾新区开发建设提出的意见，贯彻落实科学发展观，着眼于国家整体发展大局，具有重要的指导意义。自治区政府关于建设北部湾经济区的设想，符合中央有关精神和广西实际情况，基本思路是好的。为了使之更加完善，提出以下几点建议。

一、更加重视发展现代物流产业

　　作为西南各省区的出海大通道和中国—东盟区域性商贸基地，这种功能定位决定了北部湾经济区必须把发展现代物流产业放在突出位置。但我们看到在经济区产业布局规划上，物流产业却排在了石化、能源、钢铁等第二产业之后，名列第九。诚然，作为第三产业的物流业有赖于第二产业的发展；但北部湾经济区的功能定位决定了其物流产业的服务对象乃是西南与东盟的广大区域而不只是限于北部湾新区。因此应当给予更多的重视。我们完全赞同经济区加强交通基础设施建设的规划和设立保税港区的请求。这对于打造中国—东盟区域性物流平台无疑是重要的，必要的。但除了硬件建设，还应加强软件建设。一是要清除物流产业发展的行政壁垒，实现北部湾经济区内三港一市物流的一体化运作。二是以港口物流为中心，围绕北部湾经济区区域性物流基地建设目标，建立港口与腹地（广西乃至整个西南地区）联动的区域物流服务体系，提升进出北部湾经济区区域性物流基地的货物吞吐量。三是推动泛北部湾经济区"三港"与北部湾各个国家和地区的港口建立泛北部湾区域港口联盟，促进泛北部湾沿海港口一体化发展。四是按照建立现代企业制度的要求，加快物流企业产权制度改革，大力引进战略投资者，培育和发展集团化、国际化、品牌化、网络化的大型现代物流企业。五是转变政府职能，建立与市场经济相适应的现代物流产业管理体系，增强服务意识，提高行政效能，优化政务环境。六是加强物流信息系统建设，建立物流信息共享平台，大力发展电子政务和电子商务，提高物流产业的信息化水平。

二、提升科技在北部湾经济区建设中的地位

我们感到北部湾经济区建设规划中更多考虑的是工业布局，对科技重视不够。科技是第一生产力。建设创新型国家是我们既定的战略目标。因此应提升科技在北部湾经济区建设中的地位。具体建议如下：①大力发展高新技术产业。在第二产业中，高新技术产业比重化工业附加值高、污染少。对北部湾经济区来说，在产业布局上如何能既有效推动经济快速增长而又减少环境污染、保住现有的这片净土？发展高新技术产业是最好的选择。有人说，广西科技力量薄弱，如何发展高科技产业？我们认为这不是理由。深圳当年也不过是个小渔村，现在不也成为我国高新技术产业的一个重要基地吗？建议制定优惠政策吸引国内外高新技术企业到北部湾经济区落户。根据北部湾经济区区域性特点，我们建议重点发展信息产业、生物技术与新医药产业、光—机电一体化产业、新能源产业、新材料产业等高新技术产业。②构建中国—东盟区域科技交流与合作基地。构建中国—东盟区域科技交流与合作基地，对于支持和促进泛北部湾经济合作，对于北部湾经济区尽快成为"发展新一极"，具有重要意义。构建中国—东盟科技交流与合作基地可包含两项内容：其一，创建泛北部湾（北海）高科技工业园区。基本设想是将北海市现有的各种开发区资源加以整合，形成一个国家级的面向东盟的泛北部湾高科技工业园区。这个工业园区可采取苏州工业园区的模式，成为中国—东盟开展科技交流与合作的重大平台。其二，加强中国—东盟科技合作与技术转移平台建设。目前国家科技部与广西壮族自治区人民政府已决定以现有的中国—东盟科技企业（南宁）孵化基地、中国东盟博览会、广西科技信息网络体系为基础打造中国—东盟科技合作与技术转移平台。建议加大此项工作的力度，扩大合作范围，如可将中国科学院、中国工程院和国家相关部委都吸收到此平台建设中来。

三、加强北部湾经济区人才支撑体系建设

北部湾经济区建设与发展是篇大文章。做好这篇文章需要大量各方面各类型的人才。广西在这方面有较大差距。目前，广西大专以上学历人口占总人口的比例仅为3.48％，大大低于广东的5.15％，山东的5.67％，浙江的5.77％，与上海的15.07％和北京的20.49％相比，则差距更大。为此，必须大力加强北部湾经济区人才支撑体系建设。

1. 开展北部湾经济区人才需求前瞻性调研，以此为依据编制人才引进与培养规划，加强人才网、人才库、人才中介服务机构等方面建设，做好人才引进与培养的一系列基础工作。

2. 制定优惠政策吸引人才，特别是北部湾经济区建设所需的各类国际化人才。发展北部湾经济区与国内大学、科研机构间各种形式的科技、经济合作，以实现人才为我所用。建议国家有关部门在项目与人才政策导向上对北部湾经济区予以倾斜。

3. 加大对本地区教育资源的开发建设投入，扩大本地区高等教育和职业教育的规模，特别要在目前教育比较薄弱的沿海三市布局一批适应经济区建设需要的高等院校与职业技术学校，以增强本地区教育为北部湾经济区建设服务的能力。

4. 加强北部湾经济区与国内知名高校在人才培养上的合作，委托其为经济区定向培养人才；同时延揽有关高校到北部湾经济区设立分校，就地培养所需人才。

5. 开展人才培养国际合作。吸引国外知名大学（特别是东盟知名大学）到北部湾经济区设立分校、建立人才培育基地；与国外大学、科研机构合作开展人才培训，选送人才出国深造；筹建为东盟国家培养人才的教育机构，如北部湾大学，其意义不仅在于为北部湾经济区提供国际性人才，更在于为长期发展与东盟国家的友好关系打下人脉基础。

2007年

政协第十一届全国委员会

【提案】

关于加速高考制度改革的提案

　　高考作为一项基本的教育考试制度和复杂的系统工程，已经成为我国教育改革与发展不可或缺的重要环节。当前实施素质教育已经进入到"国家推进、重点突破、全面展开"的新阶段，为时6年的基础教育课程改革也已取得实质性进展，"为学校教育带来了本质意义的变化"，基础教育领域的人才培养模式"正在发生积极而深刻的改变"。然而现行高校招生录取制度虽然也在不断调整，但已经成为制约和影响教育改革进一步深化的最核心要素之一（详见2006年各相关部委联合形成的《素质教育系统调研报告》）。国家统计局的调查显示，在教育行政部门评价学校工作有关依据中，有40.4%的校长将"考试成绩和升学率"排在第一位，在社会评价学校的六个主要标准中，73.33%的校长将"升学率"排在第一位；一项对16个省市共计12000多人次的调查显示，有46.4%的高中生对现行考试评价方式持否定态度，远远高于肯定的比例（14.8%）；团中央的一项调查表明，引起中小学生心情"郁闷""厌烦""紧张"或"恐惧"的首要因素来源于升学压力和过重的课业负担，82.8%的中学生因为考试而心情不好，25.1%的中小学生因考试或学习压力而"不想学习"，20.7%的小学六年级学生和36%的高三学生因考试排名而"自卑"，64%的中学生"不做任何家务"，52.7%的中小学生选择"如果有空闲时间，我最想做的事就是好好睡一觉"，高达90.8%的学生认为考试不能成为衡量学生素质的唯一标准。

我们必须清醒地意识到,从某种意义上讲,高校招生考试这一看似教育系统内的考试制度,实质上是发生在中国土地上最大规模的人才选拔"杠杆"。这一"杠杆"如何运行,直接关系到我们培养、选拔什么样的人才,关系到科教兴国战略的实施和创新型国家的建设。因此,中央和各级政府应花更多的人力、财力和时间、精力,改革和完善这一人才选拔制度。

现行考试制度的弊端毋庸置疑,基于大量的调研与分析,我们对高考制度改革提出以下几点建议:

第一,明确高考改革的基本思路和时间表。"改变单纯的以考试分数作为录取学生的唯一标准"是党中央国务院在20世纪末第三次全教会上确立的全面推进素质教育、改革考试招生制度的基本指导思想之一。问题是,转眼十多年过去,在实践上未见招生考试改革有实质性变化,在不少地区"应试教育"还有愈演愈烈之势,中小学生厌学、辍学、离家出走、自杀的现象时有发生。数以亿计的青少年仍处于"题海"的桎梏之中。为此建议:国家教育部应尽早明确高考改革的基本思路和时间表,大力推进高中生学业水平考试和综合素质评定,并与全国统一的高校选拔考试相结合,共同成为高一级学校招生录取的重要依据。

第二,切实提高高考命题质量,发挥考试试题的积极导向作用。面对数以千万计的考生,在我国纸笔考试相当长一段时期内依然是选拔考生的重要手段。问题的关键是如何确保考试命题体现素质教育理念,反映现代科学、技术、文化发展方向,反映社会、经济发展的时代特征,使试卷能够考察学生综合运用所学知识分析问题和解决问题的能力,从而引导学生关注与国家和民族命运密切相连的重大现实问题。为此建议:要大力完善高考命题的组织、管理程序,加强对命题人员的资格审查,进行严格的专业培训和考核,确保每一位命题人员认同国家对创新型人才的培养理念,能够率先成为推进素质教育的实践者,并在高考试题中能够得到切实体现,为高中学生多样化、有个性的发展提供可能。

第三,坚定地将学生综合素质评定结果纳入高一级学校招生选拔体系之中。国家教育部应组织专业力量,在借鉴国际经验和国内多年来已积累成果的基础上，认真梳理学生综合素质评定的原则、内容、方法、程序，以及呈现形式等。通过建立公示制度、诚信制度、监察制度以及责任追究制度，确保综合素质评定结果可信、可用，并坚定地将对学生的综合素质的评定纳入高校人才选拔体系之中。

第四，强化高中生学业水平考试，发挥其在高校选拔中的重要作用。基于高中课程标准的学业水平考试，是检验一所学校教育教学质量是否达到国家规定要求的基本尺度，它反映了国家意志以及一个高中学生的学习状况，同时也应成为高一级学校录取新生的重要依据。这既是国际惯例，也有利于引导中小学校恢复正常教学秩序，防止学生过早偏科，防止学校过早进入复习迎考状态。

第五，推行高考报名社会化。为纠正学校与社会过于关注高考升学率及由此产生的一系列问题，建议：推行高考报名社会化。具体就是指：由考生到自己户籍所在地报名处或政府指定的中介机构报名，从而使高考成绩与学生所在学校脱钩，考试结束后的学生高考成绩由政府指定机构寄送给考生本人，使得学校或学校所在的教育主管部门无法或不能对本校或本区学生进行分数统计，从而杜绝排名现象。国家教育部应明文规定任何一个地区、任何一所学校不得以任何名义公布考生的考试成绩，并实行专项督导、贯彻落实。

第六，采取切实措施，落实自主招生政策，特别是在北京大学、清华大学等国内一流大学的本科招生录取中应切实做好自主招生工作。主要体现在：第一，自主招生的比例必须进一步扩大；第二，自主招生的办法必须进一步创新，应摆脱"提前纸笔测验"模式，确保自主招生的价值取向和国家对选拔拔尖创新人才的一致性；第三，严格自主招生政策，通过实现程序文明，确保公正、公平、公开。通过一系列措施，切实引导中小学校和社会舆论向健康的方向发展。

鉴于普通高中招生考试制度（俗称中考）和高等院校招生考试制度在内容、方法以及面临的压力和舆论环境、家长期待等多方面的高度一致性，本提案所提及的原则及建议要点同样适合普通高中招生考试制度改革。

2008年

关于创新高等教育管理制度的提案

高等教育培养国家经济和社会发展所需求的高层次人才资源。

我国实行改革开放政策30年，经济和社会各个方面，对高层次人才资源的需求结构、层次、数量和质量发生了巨大变化。需求的变动，只有在变动供给模式的情况下才可能得到满足。这意味着，有必要加快创新高等教育管理制度的步伐，解放高等教育生产力，优化高层次人才培养机制。

高等教育管理制度，可以定义为规范和制约高等教育组织的所有者（主要指所有权的实际行使者或代理者，中央和地方政府高等教育行政管理部门）、经营者（高等学校管理者）和生产者（教学科研人员）行为的各项正式和非正式制度安排。创新高等教育管理制度，就是要完善和优化这一系列的制度安排。

创新高等教育管理制度的主体有四类：一是政府部门决策者——中央和地方政府教育行政管理部门领导班子；二是高等教育机构管理者——党委及行政领导班子；三是高等教育机构生产者——教学科研人员；四是高等教育服务的需求者——曾经和正在接受教育服务的学生。在四类主体中，起决定作用的是政府部门决策者。

创新高等教育管理制度，应该遵循以下五项原则：第一，宏观规制原则；第二，微观自主原则；第三，学术主导原则；第四，优势强化原则；第五，发展持续原则。

站在国家高等教育发展战略高度，从对中国高等教育的发展历史与现状的认识出发，借鉴高等教育发达国家经验，从以下五方面提出创新建议。

1.宏观管理政策

实行"抓大放小，分层管理，政策调控"政策。"抓大放小"是借用国有企业转制时采用的方法，即抓住大的、重点的研究型大学，重点管理、重点建设，放开小的、技能教育为主的学校，直面市场需求开展教学活动——必须保持非营利性质。"分层管理"是指对1543所公立高校（截至2005年）分五个层次按照不同方式进行管理。五个层次的划分，充分考虑了公立大学的发展现状和政府为促进高等教育发展而采取的重点支持政策。在制度设计中遵循"路径依赖"原则，有利于节约制度变迁成本。"政策调控"是指利用投资、委托项目等体现政府意志的政策手段，间接调整、控制、规范教育组织的行为。

实行"抓大放小，分层管理，政策调控"的宏观政策，有利于优化管理机制、提高运行效率，有利于满足国家经济和社会发展需求，有利于增强国家高等教育的国际竞争力。公立高等教育机构应该分五个层次管理。

国家重点支持建设并由中央政府直属管理第一层次（9所）和第二层次（25所）共计34所重点大学。第一层次大学建设目标为"世界一流研究型大学"；第二层次为"国内一流、世界知名研究型大学"。第三层次的75所左右高校由省级政府重点支持、直属管理，建设目标是"国内高水平研究和教学型大学"。集中力量建设好109所高等学校——包括所有"985工程"和"211工程"学校，实现国家、区域和地方发展战略目标所需要的人力资本以及知识与技术支持，就有了充分的供给保障，国家高等教育能力的保持与建设必将得到发展。第四层次的573所普通本科高校，建设目标为"地方教学型大学"（定位为非营利组织），在地方政府指导下直接面对市场对人力资本的需求开展教学工作，在政策规制和市场竞争中自主发展，优胜劣汰。最后，第五个层次的970所专科院校定性为"职业技能型学校"，可以根据需要和实际情况，逐步转制为"非营利"或"营利"独立法人组织。

建议成立独立于政府部门的"中国公立大学绩效管理委员会（简称绩效管委会）"管理公立大学运行绩效。政府主管部门在决策时，应该高度重视绩效管委会的评估报告和专家建议，必要时还可以参考其他专业的民间大学评估机构的绩效评估结果。政府在管理过程中，应主要运用"经济杠杆"或其他调控手段，尽量避免采用行政命令方式；注意引入竞争机制，平等对待处于同一个层次的学校，逐步把投资"重点"政策转变为奖励"先进"制度；应该采取积极措施，鼓励高校独立法人自筹经费，追求跨层次发展目标。按照这样的模式，公立高等教育组织的生产力将得到解放。

2. 微观治理结构

微观治理结构，涉及政府如何管理高等学校和高等学校内部如何管理两个重要问题。设计中的战略方案包括以下要点：

（1）政府管理高等学校的基本原则概括为"五管"——管方向、管政策、管指导、管协调、管服务。让高等教育机构成为真正的独立法人——在完善的权力制约机制之下行使权力的法人组织。

（2）分别成立针对五个层次高等学校管理工作的政府"高等学校管理委员会"——由政府教育行政部门负责人、高校负责人、专家和其他利益相关者组成。

（3）在每个高校成立"理事会"（或者称为"监督管理委员会""校务管理委员会"），"理事长"由政府部门按照干部管理程序选拔任命（最好由党委书记担任）。"理事会"按照既定政策和程序选择成员，规模以20—30人为宜。成员包括政府官员、主要校级领导、重要院系负责人、社会知名人士以及其他与本校利益相关的人员。

（4）校长由"理事会"负责公开选拔、任命。副校长由校长提名，"理事会"审查、任命。校长向"理事会"报告工作，实行任期目标责任制。

（5）在"理事会"主持下成立"校学术委员会"，评价、审查、咨询学术成果、教学活动、学位资格、人才价值等专业事宜，供校长决策时采纳或参考。"校学术委员会"委员按照民主程序选拔（可以考虑聘任校外专家若干名），由"理事会"任命，独立开展工作。

（6）学校的二级业务单位——学院（系、所、中心等），实行行政领导（院长、主任、所长等）负责制。行政"一把手"，要按照既定的民主程序，公开遴选，最后由校长任命。

（7）学院一级的行政权力，必须在严格监督下行使。这就需要在学院一级建立监督机制。一是实行集体决策（如通过"学院党政领导联席会"），二是成立"院学术委员会"——对与学术或业务相关的重要事宜作出评价或判断。"院学术委员会"按照学校制定的章程建立并独立开展工作，不受学院领导控制和支配，但学院的师资引进、职称评定、绩效标准、重要学术活动等事项，必须征求并尊重"院学术委员会"的意见。院长有权力但一般不得否决"院学术委员会"集体作出的决定。学院领导与"院学术委员会"发生争执时，可以申请"校学术委员会"仲裁。

上述制度安排建议，既考虑了现实的制度环境，又借鉴了国际高等教育组织管理经验，具有合理性、可行性和有效性。第一，理顺了政府与高等教育组织的关系。第二，优化了组织内部权利制约机制。第三，强化了民主与学术权利。第四，完善了"二级业务单位"管理机制。

3. 教师聘用制度

师资质量如何，同行专家最有发言权。因此，教师选聘工作应该由院（系）按照严格程序进行。有必要请5—7名校外同行专家，对候选人的学术水平作出评价。必须征求"院学术委员会"意见。对选任的教师应该实行"分期聘任制"，即实行终身聘任、长期聘任、聘期累进和短期聘任制度。院士和少数资深教授为终身聘任。三分之一左右教授的聘期延续到国家规定的退休年龄，实行长期聘任制。聘期累进制主要针对发展中的中青年教师（讲师和副教授）。首任，聘期一年（可以考虑规定淘汰率，比如10%）；首任优良者，聘期转为两年；然后是三年，以此类推。不少于20%—30%的岗位为流动师资岗位，以一学期或一学年为期，聘任国内外优秀学者开设新课程或进行合作研究。

4. 绩效评价制度

成立"学校绩效管理委员会"，负责评价各学院（系、所、中心等组织）的绩效，监督战略规划和发展目标执行情况。教学科研人员的个人绩效，应该由"学院绩效管理委员会"负责评价。无论是组织绩效评价还是个人绩效评价，都必须高度重视征求同行专家，特别是外部同行专家的意见。评价的重点应该是水平和质量。而水平和质量，只有同行专家才有能力作出判断。

5. 薪酬福利制度

应该实行有差别的薪酬福利制度。制度的要点是：（1）学校提供基本待遇，院系负责绩效收益。（2）对于基础性、理论性或重点建设的学科，学校应该实行倾斜政策。（3）对于应用性强的学科，应该鼓励面向市场需求，在市场竞争中增强实力、获取收益。（4）各学科的薪酬标准应该适度考虑市场价格，以保持和获得所期待的教师人力资本为原则。

2008年

联名提案人：王宇田　刘应明　闫　伟　米烈汉　杜德志
　　　　　　李华栋　张大方　邵　鸿　郑祖康　郑楚光
　　　　　　贾殿赠　黄润秋　葛会波　赖　明

关于建立中国矿业权交易市场暨国家矿业交易所的提案

一、矿业权与矿业资本市场

矿产资源在人类社会发展过程中具有极其重要的地位和作用。矿产资源为人类提供95%以上的能源来源、80%以上的工业原料、70%以上的农业生产资料，是人类社会赖以生存和发展的重要物质基础。由于矿产资源的耗竭性、稀缺性和资产属性，矿产资源成为国家实力的重要体现，也是政治、经济和军事安全的重要保障。

矿业权一般包括探矿权和采矿权，是矿产资源国家所有权派生出的一种用益物权。矿业权制度是所有矿业活动发生、发展的根本，是矿产勘察得以有效运行的制度依托。谁控制了矿业权，就控制了矿产资源的所有权，就控制了矿产资源，矿业权是矿产资源保障的核心。

世界矿业发展的历史表明，世界矿业大国的兴起往往与矿业资本市场的形成、发展相伴随。世界主要矿业国家美国、英国、加拿大、澳大利亚、南非等成为世界矿业大国的过程就是世界矿业资本市场形成的过程。由于矿业资本市场的特殊性、开放性和资金高度聚集性，市场建设往往具有先发优势。进入20世纪90年代，以中国、印度、巴西和俄罗斯等为代表的新兴国家，为适应全球经济和本国矿业市场发展的需要，都在谋求建立矿业资本市场，为成为矿业大国创造条件。

二、我国矿业权流转与矿业权市场

从1998年开始，我国矿业权开始进入市场流转。为了适应市场需要，北京、西安、青岛、四川、贵州、新疆、西藏、乐山等地方社会资本设立矿业权交易机构，以各种形式开展矿业权交易活动。由于受自身条件和专业人才的限制，这些交易机构缺乏必要的交易规则、信息披露、交易鉴证、清算交割和交易监管等技术手段，无法满足矿业权市场发展的要求。到目前为止，全国尚未形成以交易所为核心的全国统一矿业权市场。

国土资源部《探矿权采矿权市场建设调研报告》认为，矿业权市场建设存在的问题是：第一，随着矿业权市场的建立，不少管理办法表现出相当的局限性，无法适应矿业权市场建立和发展的要求；第二，矿业权市场发展不平衡；第三，市场基础条件差；第四，矿业权交易缺乏必要场所；第五，矿业权市场外部环境亟待改善。

目前，在国土资源部的领导下，我国在矿业资本市场理论、矿业权交易、法规建设和市场规范整顿等多方面取得了巨大成就。2002年，国土资源部提出建立全国统一的矿业权市场的设想。2004年，建立"全国统一、开放、竞争、有序的矿业权交易市场"写入《国土资源"十一五"规划纲要》。

三、应当建立全国统一的矿业资本市场

矿业资本市场是矿业资本、信用和衍生金融产品交易的场所，其交易的核心资产是矿业权。从世界范围看，矿业资本市场典型的交易模式有两种，即以英国、美国矿业期权为代表的矿业权+标准合约模式，和以加拿大、澳大利亚矿业风险股份公司为代表的矿业权+股本融资模式。无论英国、加拿大还是其他国家，矿业权或衍生金融产品都在国家指定的交易所进行交易。

借鉴国外和我国资本市场建设经验，提案认为，矿业资本市场是我国多层次资本市场的组成部分；国家矿业权交易所是矿业资本市场的交易运行管理中心，市场由覆盖全国的交易技术平台构成；市场具有资金聚集、资源配置、风险分散、经济调节、信息反映和清算交割等功能；市场由一级发行市场和二级交易市场组成。市场交易主体是国家和机构投资人，市场交易客体是矿业权及衍生金融产品；市场服务于国有矿业权出让与转让，商业性矿业权发行与交易，以及矿业权及衍生金融产品的发行与交易等；市场应当实行严格的国家、行业和交易所三级监管。

就如何建立我国矿业资本市场，本提案建议如下：

第一，在国土资源部的主导下，协调相关部门、地方政府和企业，确定发起人，筹备交易所，制定市场监管规则。

第二，建议企业作为国家矿业权交易所的发起人，由发起人完成国家矿业权交易所章程、交易规则、标准合约、风险管理、会员制度和监管规则的制定并报国土资源部审核批准。由发起人完成国家矿业权交易所发起、筹资、审批和设立工作。

第三，建议在国家矿业权交易所的主持下，建设国家矿业权交易技术平台。在国土资源部的协调组织下，确定省级矿业权交易分所组织管理方案，确定省级建设试点单位。

第四，建议由国家矿业权交易所主持，开展矿业权交易技术平台模拟交易，实现交易所和试点城市交易分所的试运行；在国土资源部的指导下，完成32个省级分所建设推广方案的制定。

第五，建议国土资源部与国家有关部门正式行文，强制实行国有矿业权和商业性矿业权进场交易（申请）制度。实现国有矿业权和商业性矿业权出让、转让在统一的交易技术平台上进行。

提案认为，经过3—5年的努力，有可能初步形成以国家矿业权交易所为中心，全国统一的矿业资本市场。初步实现矿业权交易合约、登记托管、信息披露、交易规则、信用管理、交易鉴证和市场监管七个统一。国土资源部和交易所市场监管体系有效运转。

四、提案的特殊意义

本提案的特殊意义是，我国的基础资源的市场化配置。矿业权等具有用益物权特征的资源可以通过市场配置资源的方式实现市场流转，矿业权市场具有长期存在的合理性和必然性。我国矿业权市场存在的问题是交易规则不统一、交易流程不规范，缺少必要的交易设施和技术手段；矿业权市场制度不配套；矿业权市场中介服务体系不完善；矿业权成为滋生腐败的源头以及缺乏国家统一有效的市场监管手段等。本提案认为，国家矿业权交易所的建立是实施国家矿产资源战略、改善我国矿业投资环境的客观要求，是实行矿产资源市场配置、完善多层次资本市场建设和实现国家对矿业权市场监管的现实需要。矿业权市场的建设会加速推动矿业权有形市场的形成，可以促进矿业权市场法规制度的完善。形成与国际接轨的矿业权交易模式，提高矿产资源的配置效率。从长远看，矿业权市场的建设对实现我国2020年远景目标、对完善我国市场经济体系、对经济可持续发展、对推动资源节约型国家建设和营造和平崛起的国际形象意义重大。

2009年

联名提案人：李华栋　赵　雯　葛会波

关于开展二氧化碳地质封存科技攻关的提案

全球工业化生产排出了大量二氧化碳气体，使大气温室效应不断增强，加剧了全球气候变暖趋势。全球不断增长的能源需求和气候变化对人类社会的生存和可持续发展提出了前所未有的挑战。二氧化碳的管理和减排已经成为当今社会、政府和企业需要认真面对的重大课题。碳捕获和封存（CCS）提供了在能够不增加大气中二氧化碳浓度情况下持续利用化石能源的一种方式，即做到"零排放"利用化石能源。未来50年，包括碳的封盖、贸易、捕获、封存的联合系统是唯一适合世界能源需求的可持续之路。当前，国际上适合大规模进行二氧化碳捕集与地质封存的技术基本成熟，而且国际合作环境良好。我国已经成为世界能源消费第二大国，也是世界二氧化碳排放第二大国，建议我国通过政策、科技投入等手段，积极开展二氧化碳地质封存科技攻关。

一、国际二氧化碳地质封存技术

二氧化碳地质封存技术有多种，主要有碳捕获与封存技术（CCS）、用于提高油气采收率的二氧化碳驱技术（二氧化碳EOR）、煤层气回收增强技术（ECBM）、深海封存技术。

1. 碳捕获与封存技术

碳捕获与封存技术（CCS）就是从工业或能源资源中分离出二氧化碳，将二氧化碳气体收集起来，然后把它运输到储存地，通过压缩机把二氧化碳气体压缩成准流体状态，再用泵把这种二氧化碳准流体泵入地下砂岩地层中，利用砂岩孔隙将二氧化碳永久封存或与大气隔绝起来。

向含咸水地层中注入二氧化碳的办法也有着诱人的前景。二氧化碳溶于水后形成碳酸根离子，与水中的钙碱性金属离子结合形成碳酸盐固体，从而达到固碳的目的。美国的研究人员认为，地球上的含咸水地层可以容纳5000亿吨二氧化碳。

碳捕获与封存（CCS）具有高投资、大规模、长时间特点，需要进一步得到公众认可、政策支持以及长期的激励措施，搞好先导实验项目并有效降低成本，这些都十分重要。

2. 用于提高油气采收率的二氧化碳驱技术

运用提高油气采收率的二氧化碳驱技术（二氧化碳EOR）在老油气田封存二氧化碳，一举两得。利用油气田封存二氧化碳的一个原因是经济实惠，可以提高油气采收率，使老油气田的油气增产，增产的油气所带来的收益足以抵消二氧化碳分离、运输和向井中"注入"二氧化碳的成本（约30美元/吨）；另一个原因是科学家对油田的地质条件了如指掌，可避免水污染和二氧化碳泄漏。

3. 煤层气回收增强技术

运用煤层气回收增强技术（ECBM）在煤层中封存二氧化碳，也能一举两得。煤是多孔的，它经常含有甲烷气体，而这些甲烷又具有开采价值。二氧化碳的吸附性远远高于甲烷，只要向煤层注入二氧化碳，甲烷气体便会向煤层气井流动。近20年来，美国利用二氧化碳研发、试验了煤层气回收增强技术，把二氧化碳注入不可开采的深煤层中加以储藏，同时排挤出煤层中所含的甲烷加以回收。该技术对位于煤矿附近地区热电厂而言有特别重要的意义。热电厂排放的废气成分以二氧化碳和氮气为主，为达到环保要求，美国发电厂在废气处理的过程中需要分离出二氧化碳加以储藏，而这样做的成本很高。如果能将煤层气回收增强技术商业化，便能节省二氧化碳的运输费用。该技术有极大的应用潜力和商业前景。

4. 利用海洋埋藏二氧化碳

2001年，由美国马萨诸塞州技术研究院和日本、挪威、瑞士、加拿大等国共同租赁的船只驶入太平洋科恩岛附近的一条海沟，他们把60吨二氧化碳埋藏在800米深的海底，并考察了海洋深处封存二氧化碳的能力。原则上说，二氧化碳能在海水中逐渐溶解，并使其海水溶液比重增大，从而向海底下沉。最终，二氧化碳会在海底深处待上几百年时间。

二、国际二氧化碳地质封存发展趋势

欧盟、美国、加拿大、俄罗斯、日本等世界发达国家和地区早已投入巨资对该项技术展开研究并做先导性试验。目前，国际上二氧化碳地质封存技术基本成熟。

世界各大知名石油公司和能源公司，尤其是跨国石油公司，如壳牌、道达尔、BP等，都投入大量人力、财力开展二氧化碳的捕获和封存技术，而且已经发展了成熟技术。这些大公司，非常重视碳交易，在全球市场寻求商机。

根据BP公司CCS技术负责Gardiner Hill研究，CCS能实现二氧化碳减排量（假设全球气温在前工业化水平基础上限制增长2.0摄氏度，需要把大气二氧化碳浓度稳定在550ppm以内，该条件下需要的二氧化碳减排量）的1/4。IPCC预测，CCS能做出到2100年累计缓解二氧化碳排放成效的15%—55%贡献。

欧盟正在计划建10—12个工业规模的零排放化石能源电厂项目，每个项目大约需要投资10亿美元。到2020年，欧盟希望全部新的电厂都是零排放的。

在美国，CCS、二氧化碳EOR项目较多。目前大约有3500多公里的管线输送4000万吨/年的二氧化碳，主要用来提高石油采收率。

地质封存技术作为最直接、可规模削减二氧化碳排放的有效途径，将在未来做出重大贡献。

三、有二氧化碳减排任务，但面临巨大国际压力

我国是世界上最大的发展中国家，人均二氧化碳的排放量低于世界平均水平，而且对已经造成的全球性气候变化不负历史责任，按照"共同但有区别的责任"原则，在履行《京都议定书》中不承担减排义务。但是，我国粗放式、高能耗经济增长模式，意味着我国的人均排放量可能会很快赶上世界平均水平。由于这种既不承担减排义务，又是世界二氧化碳排放大国的特殊地位，使我国在国际上面临着巨大的政治、经济和外交压力。

我国能源是以煤炭为基础，煤炭消费带来的环境问题尤为突出。在我国发电构成中，煤电占75%左右；在我国排放的二氧化碳构成中，82%左右源自煤电，而同期世界燃煤排放仅占40.6%。因此，碳捕获与封存是更适合我国能

源需求的可持续之路。

二氧化碳地质封存项目可以开发成CDM（清洁发展机制）项目，未来可实现赢利。IEA温室气体发展和研究项目官员说，现在二氧化碳EOR的成本价格是30美元/吨，CCS的成本价格是40—50美元/吨，今后可能会降低到20美元/吨。而目前二氧化碳减排出售价格在22美元/吨。根据经济合作与发展组织预测，到2050年碳排放许可的价格可能会上涨至少18倍，达到400美元/吨。由此可见，未来二氧化碳地质封存项目可实现赢利。

但是，到目前为止，我国尚没有二氧化碳捕获与封存方面的实际活动，仅处于学术研究阶段。在我国已获批准的1749个CDM项目中，更没有二氧化碳捕获与封存领域的CDM项目。2007年中国发改委、美国能源部签订了"二氧化碳捕集及封存"能源合作框架协议，2008年开展了"神华煤制油二氧化碳捕集及封存项目预可行性研究"项目，具体工作由神华煤制油化工有限公司和美国西弗吉尼亚大学承担，美国劳伦斯国家实验室和中国地质调查局发展研究中心参加。

因此，我国十分有必要开展二氧化碳地质封存技术攻关。但二氧化碳捕集和封存存在政策、技术和经济约束条件，迫切需要政府予以大力支持，更需要地质人员的参与。需要地质人员开展二氧化碳地下封存的选区调查与评价。

开展二氧化碳地质封存科技攻关具有重大现实意义。

一是切实促进二氧化碳减排，树立大国责任形象。我国于1993年发展成为世界第二大能源消费国，此后能源消费大幅增长。国际能源机构（IEA）预计，到2009年我国将超过美国成为头号二氧化碳排放国。如果我国能够掌握二氧化碳地质封存技术，普及二氧化碳捕获与封存活动，那么将会在增加化石能源消费的同时还能大幅度减少二氧化碳排放，无疑会树立起我国大国责任形象，有利于巩固我国在国际上的政治地位，也有利于经济发展。

二是积极做好科技储备，应对未来国际形势发展。二氧化碳捕获与封存技术与可行性评价要考虑的因素很多。例如，把二氧化碳压缩成准流体需要二氧化碳气体有一定的纯度和压力；二氧化碳地下封存需要知道地下地质结构、地下水性质、储层和盖层的物性参数，等等；可行性评价还要知道选区的地形地貌条件、用于提高油气采收率的CO_2EOR潜在需求、煤层气回收增强技术

ECBM的潜在需求，等等；还需要对二氧化碳封存项目进行长期监测。这些都需要一整套高科技予以支撑。因此，在目前我国尚没有二氧化碳减排指标、发达国家通过CDM为发展中国家提供技术、资金援助的有利情况下，在2012年之前要积极做好相应科技储备。一旦2009年新的全球气候变化公约签订、国际规定我国二氧化碳减排指标，就可立即大规模投入二氧化碳捕获与封存活动。

四、对策和建议

建议我国政府通过政策、科技投入等积极手段，支持开展二氧化碳地质封存科技攻关。

1. 建议国家发改委、财政部在有关产业政策中增加新的条款，通过优惠税费等积极的财税政策激励二氧化碳排放较大的企业开展二氧化碳地质封存项目。

2. 建议国家发改委、国家气候变化对策协调小组办公室等CDM管理机构，把二氧化碳地质封存作为CDM优先考虑的项目。

3. 建议将国土资源部纳入"国家气候变化对策协调小组"，充分发挥国土资源部在二氧化碳地质封存领域的专业作用。国土资源部可以利用掌握的全国区域地质资料和专业技术，合作开展二氧化碳地质封存选区调查评价、封存监测等工作。

4. 建议科技部把"二氧化碳地质封存"作为国家重大科技攻关项目重点立项领域予以支持，开展科技攻关、国际合作、前期试验等工作。

5. 二氧化碳地质封存是一个系统工程，涉及专业领域很多。建议国家发改委、国土资源部、科技部联合立项开展二氧化碳地质封存科技攻关，政府与企业密切配合，产学研相结合。

2009年

关于加快我国农村养老机构建设的提案

根据2005年1%人口抽样调查数据推算，我国60岁及以上老人达到16674.5万人，占全国总人口的13.01%；农村地区的人口老龄化现象更为严重，60岁及以上老年人口比例为13.73%，比城镇高出1.6个百分点。由于外出农民工大多数是青壮年，致使农村人口老龄化问题日益突出，家庭承担养老功能的实际能力降低，传统的家庭养老模式已独木难支。

一、农村养老机构的现状

1. 机构体制单一，以具有收养功能的五保供养老年福利机构为主

我国农村养老机构始建于20世纪50年代，建立的主旨是为"三无"（无劳动能力、无生活来源、无法定义务赡养或者扶养人）老人提供"保吃、保穿、保住、保医、保葬"的基本生活照料服务。

截至2006年底，我国农村共有养老福利机构31373个，床位113.6万张，每千名老人拥有11.7张床位，共收养89.1万名老人，床位利用率为78.4%。

由于我国农村老年人口基数大，入住养老机构的老年人数仅占所有农村老年人总数的0.9%，农村五保对象的集中供养率达14.1%。

2. 养老机构的区域差异明显

以2006年每千名老人（65+）拥有的床位数作为衡量各省份农村养老机构发展状况的指标。床位数最多的5个省份分别是上海、北京、山东、浙江、湖北，而最少的5个省份分别是云南、陕西、福建、甘肃、贵州。上海市每千名老人拥有97.8张床位，而云南仅拥有3.2张。我国东、中、西部农村养老机构的发展规模存在较大差异，东部最好，西部最差。其中，像河南、四川这样的人

口多、老龄化程度较高的省份，农村养老机构的发展状况令人堪忧。

二、农村养老机构存在的主要问题

1. 养老机构提供的床位数严重不足

我国农村拥有着9000多万60岁以上的老年人口。根据2005年1%抽样调查数据计算农村老年人口中"身体健康"的占56.9%，"基本能保证正常工作生活"的老人占23.3%，"不能正常工作或生活不能自理"的老人占18.2%，高于城镇老人近8个百分点，还有1.6%的老人对自身的健康状况"说不准"。也就是说，全国农村老人中有1760万—1950万人的健康状况较差，需要生活照料。

我国农村在面临着人口老龄化和老年人口健康状况较差的同时，养老机构的床位供给缺口也较大。依据国际经验，一般发展中国家老年人入住养老机构的比例为5%，发达国家为6%—7%，日本和中国香港地区的该项比例在2%左右。假定以1.5%—2%的比例计算，我国农村60岁以上老人中将有146.7万—195.6万人期望入住养老机构，与现有的113.6万张床位相比，缺口达到了33.1万—82.0万张。如果只考虑供养五保老人的情况，按照《中国老龄事业发展"十一五"规划》实现农村五保供养率50%的目标计算，则需要床位288.8万张，还差175.2万张床位。虽然我国农村养老机构的床位数亦在逐年增加，但相对快速增长的老年人口来说，仍难以满足其需求，养老机构的发展面临着巨大压力。

2. 养老机构的供给结构不合理

养老机构供给结构的不合理主要体现在功能结构和供养对象两个方面。从功能结构看，由于政府资源配置的不足或缺失，大部分农村养老机构仅能提供吃、住等最基本的生活照料服务，而能提供医疗保健、护理服务的养老机构极为少见。从供养对象看，《中国老龄事业发展"十一五"规划》中明确指出，农村五保供养服务机构要使生活不能自理的五保供养对象的生活得到有效照料。实际情况是很多农村养老院拒绝接收这类人群，一些生活能完全自理的老人却占用了部分机构床位，而真正卧床不起急需入住的五保对象并未被养老机构吸纳进来。

3. 缺乏基本的人力资源基础

人力资源具有数量和质量两方面特性。从数量上看，2006年底，全国农村养老机构共有职工100481人，其中女性有38874人，占职工总数的38.7%。养老机构内职工人数与入住老人的比例为1：9，意味着1位工作人员要承担照顾9位老人的重担。该项比例在全国各省份的差异十分明显，北京、山西、甘肃三省市最低，为1：3；浙江、江西、山东、湖北和重庆五省市较高，均超过1：11，山东最高，达1：15。根据国际经验，每五名老年人配置1名服务人员较为合适，按目前收养的老年人数计算，我国农村养老机构的职工人数还应增加8万人才能满足需要。从质量上看，养老机构的管理、运作与教育、卫生等社会事业类似，需要专业型的从业人员。但由于多数农村养老机构不能提供正式编制，属于福利型机构，工资低，专业人员很难引进。工作人员整体素质不高，主要由农村剩余劳动力组成，以临时工为主，流动性大，文化水平较低，绝大多数人未接受过专门的训练。

4. 基础设施设备简陋

"老年集体宿舍"可以说是我国绝大多数农村养老机构的真实写照。首先，房屋整体构造简单，档次较低。其次，房间内基础设施简陋。房间内没有室内卫生间、电视室等公共区域内未安装无障碍设施，比如坡道、扶手等，极大妨碍了有残疾或高龄老人的活动。如果以原建设部《老年建筑规范设计》和民政部《关于农村五保供养服务机构建设的指导意见》的要求为标准，农村养老院的基础设施设备建设还需进一步完善。

5. 运转资金紧张

运转资金偏紧成为我国农村养老机构发展面临的棘手问题。由于资金的缺乏，很多入住老人的医药费用支出得不到保障，经常耽误老人获得及时有效的治疗。尽管有新型农村合作医疗制度可以报销老人50%左右的医药费用，但由于多数老人患有各种慢性疾病，需要常年用药维持，花销较大，医药费用的支出成为养老院的极大负担。

三、政策建议

社会化的机构养老服务是解决我国人口老龄化的必然发展方向，机构养老不仅可以让老人享受到专业化的全方位服务、解除孤独感、提高生活品质，还能降低家庭供给成本、减轻子女的压力，使他们更好地投入到工作和学习中去，同时创造出更多的社会就业机会。然而，从机构规模、基础设施建设、人员配备和服务层次等各方面看，我国农村养老机构的发展现状都无法满足老年人的实际需求。为此，我们提出如下建议：

1. 加强农村养老机构的扩建和改造工作

随着我国人口老龄化速度的加快、家庭养老功能的退化以及人们思想观念的转变，加强农村养老机构的扩建和改造工作既是应对老龄化的加速过程的长远之计，也是当务之急。

2. 积极推进管理体制改革，建立社会养老机构多元化体制

为了促进农村养老机构的健康发展，要不断深化农村养老服务事业的管理体制改革，引入市场竞争机制，建立统一、公平的养老服务市场，鼓励和支持社会力量投入到农村养老服务机构中来，形成投资主体多元化、服务对象公众化、服务队伍专业化的多元化体制，实行"公办民营"和"民办公助"的发展模式。在多元化体制的运作中不能湮灭养老机构"社会福利"的特性。

3. 建立监督监管机制，确保各项优惠政策的落实

政府部门不仅要做政策的制定者，还要担任政策执行的评估者，定期或不定期地对农村养老机构进行审查评估，在规范管理的同时，检验政策措施的有效性和各地的落实情况，以保证农村社会养老机构发展具有良好的外部环境。

4. 加强为老服务人员的培训工作，促进养老服务的规范化、专业化

农村养老机构体系的良性运行，需要有一定的人力资源作保证。同时，必须认识到人力资源的储备是一个长期的过程，如果现在不抓紧时间培养更多的为老服务人员，将无法应对人口老龄化高峰的到来。

5. 重视社会化养老的宣传工作

当今社会，虽然社会文明不断发展，人们的养老观念较之以前有了很大的改变，但几千年传承下来的"养儿防老"思想很难在短时间内完全消除，尤其在广大农村地区的居民甚至一些基层干部中还有很多传统思想的存在，对社会化养老持有偏见的态度。因此，政府应面向各类人群，多渠道、多形式地做好宣传倡导工作，在农村地区贯彻全新、健康的养老理念，让人们充分认识到机构养老的优点，从根本上转变养老观念。

2009年

联名提案人：马大龙　王志珍　黄润秋

关于利用税收政策，进一步完善
社会保障体系有效性的意见和建议

个人养老金制度是现代社会建立、发展起来的复杂多样的经济制度之一。近年来，随着社会老龄化现象日趋严重，养老金制度的改革和完善成为整个社会经济制度中最重要的问题之一。在市场经济条件下，社会保障是政府的一项重要的社会职责，而养老保险是其中最主要的内容，政府对于养老保险制度的改革和完善负有重要责任。

但是，作为养老保险责任的主要承担者政府在确定它的养老保险政策时，必须考虑两个问题：一是政府在整个养老保险中承担责任的多少，二是以什么方式来承担。从第一个问题来看，首先，养老保险的私人物品性质决定了政府介入的适度性。在市场经济条件下，政府介入的领域以公共物品和准公共物品为主，对私人物品提供的介入大多数是基于再分配功能的需要。而养老保险的需要从性质上说是属于私人物品，是个人为自己的未来所作的"储蓄"，政府过多地承担，一方面会减少人们为防备未来的不确定性而进行的储蓄，另一方面也会妨碍私人部门在资源配置中的地位。其次，养老保险的责任完全由政府承担也可能引起一系列的困难：由政府全部提供养老保险会增加财政支出的负担，为迎合这种支出负的需要采取的税收筹资方式或赤字筹资方式容易导致资源配置的效率损失，或者政府收入无法保证所有养老保险的需要而造成保障不足。以上两个方面原因决定了养老保险中私人风险分担的有效性和政府采取风险共担的合理性。所以，一个国家的养老保险政策应该是引导人们建立自己的保障机制，鼓励个人储蓄的建立，减弱政府完全承担的政治和预算风险。

自从1889年德国颁布实施了世界上第一个由政府支持的综合性养老保险计

划后，经过100多年的发展，西方主要国家建立起了以现收现付制的公共养老金为主体的养老保险体系。从西方各主要国家的养老保险体系来看，都是一种政府提供和私人提供相结合的养老保险体系，其中的区别在于市场和政府所占的份额。从20世纪80年代开始，西方各主要国家针对人口结构的根本性变化，以及公共养老保险制度的财务危机，纷纷建立了多层次（或称"多支柱"）的养老保险体系，受到了世界银行的赞许并支持其在许多发展中国家推广。这种多层次的老年保障的经济制度较好地处理了政府和私人在老年社会保障中的角色和功能的分工问题。

多层次的养老保险体系一般分为三个层次：公共养老金（或称"基本养老金"）、企业补充养老金（亦称"职业年金"）和个人储蓄养老金。政府的公共养老金提供个人最基本的退休后的生活保障，它的目标有两个方面：弥补退休后的收入减少以及为老年人提供最低收入保障。公共养老金制度是一种"绝对平等"的体系，它只能提供一种最低水平的保障。公共养老金难以满足的需要由企业补充养老金和个人储蓄养老金来满足。这两个层次的养老保险的基本功能是储蓄，通过工作期间的储蓄为退休后的生活提供更好的保障，降低第一层次提供的公共养老金不足从而迫使退休后的生活水平下降的风险。这种多层次的养老保险体系较好地解决了政府、企业、个人在养老保障方面的功能定位和责任承担，其目的在于在国家提供的对最基本的生活保障的基础上，突出企业补充养老保险和个人储蓄性养老保险的作用，减少对政府提供的公共保险金的依赖，以强调和充分发挥劳动者自我积累和养老的意识。

应该指出，通过提供公共养老金，从一个方面解决了政府对养老保险责任承担问题。但从政府的养老保险政策体系的角度，政府还应发挥它在养老保险支持体系中的作用，即通过政策手段来鼓励第二、第三层次养老保险的发展。因为：第一，就这两种养老保险的目的而言，带有社会保障的属性，并非一般的商业保险或储蓄。第二，企业补充养老保险和个人储蓄性保险要遵循商业性管理的原则，通过市场渠道投资运作，包括参加由商业保险公司提供的各种年金计划及其他金融机构提供的养老金计划或养老基金，亦可选择货币市场的储蓄和资本市场的投资。这些市场性的运作要按风险和收益对称的原则来进行。但由于市场本身的缺陷和金融市场的不完善及养老保险本身所具有的特点，使得风险和收益对称的原则难以得到完全遵从。所以，在第二、第三层次的养老保险体系中，政府也应根据风险共担的原则来采取一定的方式分担一定的风险，以促进其稳定发展。这也是政府对养老保险责任承担的一种方式。在实行多层次养老保险体系的国家，都要通过建立稳定的政治经济环境、建立完善的金融体系和提供必要的税收优惠来促进企业补充养老保险计划和个人储蓄性养老保险计划的发展。

我国的养老保险制度经过多年的努力，已建立起基本的框架。社会养老保险（公共保险）的保障水平随着经济的发展不断提高，并开始向农村延伸。企业补充养老保险（企业年金）也已在全国推行（尽管推行缓慢）。但是在个人储蓄性养老保险计划的发展方面，政府还未有明确的政策出台。我国近几年经济发展的同时，收入分配的差距也在扩大。显然，以政府为主的社会养老保险不可能满足不同收入层次的人群的养老需求。养老保险制度建立后，在该制度的运行以及养老保障水平的提高方面，将给财政带来的长期的压力是不言而喻的。所以，加快三层次养老保险体系的建设也是我国政府所面临的一个重大的课题。目前在国家宏观经济运行面临严峻形势的情况下，企业补充养老制度的全面推行和完善需要有个全局的考虑，但是，在个人自愿性储蓄养老计划的推行和激励方面，政府应该加强政策的研究。为此，建议在我国尽快发展"个人所得税递延型养老保险"。

所谓"个税递延型养老保险"，即在个人所得税缴纳之前列支养老险保费，在领取养老保险金时，再根据个人所得税税法规定缴纳个人所得税。这实质上是国家给予购买养老保险产品个人一种税收优惠，以鼓励个人的自我积累和自我保险。

关于养老保险制度中的个人所得税递延问题，主要涉及两个方面：一是职工自己对补充养老保险计划账户的缴费。个人对企业举办的补充养老保险的缴纳可以从个人应税所得中扣除，且养老保险基金账户投资收益不征税，直到退休后从账户支取退休金时才征税。二是个人储蓄性养老保险计划方面。个人储蓄性养老保险一般有两种形式：一是个人的自愿养老储蓄，这种养老储蓄在所有时期所有国家都存在。二是个人或家庭自愿购买的年金保险及其他商业人寿保险。西方一些国家如英国、美国和瑞典都对本国居民在银行、保险公司和共同基金处开立的养老储蓄账户提供税前扣除及递延纳税的优惠。有的国家还通过对个人投资商业寿险给予一定的优惠，以刺激个人投保商业寿险的积极性。日本从1984年起，为迎接高龄化社会，鼓励自保，也建立了个人年金保险费扣除的制度。

通过对个人参与企业年金以及个人自愿性储蓄养老保险的税收优惠，个人可获得三个方面的税收利益：一是消除了重复征税问题；二是获得递延纳税的好处；三是在个人所得税实行累进税率的情况下，可降低个人在工作期间的边际税率。而且，由于这种养老保险制度有利于熨平个人工作期间的收入水平，所以，从个人一生来说，个人所得税的边际税率也可降低。因此，这种税收政策虽然在短期会对财政收入产生一定的影响，从长期考虑，它对多层次养老保险体系的建设、对减轻社会养老保险的财政压力，引导个人建立自己的保障机制是非常有益的。特别是在我国消费长期不足情况下，推行这种制度，完善整个社会的养老保险体系，有利于个人进行养老规划，消除人们在养老方面的后顾之忧，促进消费的提高。另外，将银行养老性质储蓄转化为商业养老保险，也会对保险公司产生一种良性刺激，并将对资本市场形成良好效应。

个人储蓄性的养老保险的所得税递延政策并不是一个单项的税收政策，建议政府在以下几方面进行研究：

1. 可否建立个人退休基金储蓄账户？如果建立，在多少数量范围内给予个人所得税的扣除？对个人购买商业保险机构的年金性质的产品，可否给予一定的个人所得税优惠？对保险公司开展的相关业务是否在营业税和企业所得税方面给予优惠？

2. 如果个人所得税递延的养老保险政策可行的话，论证这种政策的实施对财政收入的影响有多大？

3. 适时开征遗产税，防止富裕阶层通过购买巨额寿险或年金险来转移所得，避免"避税型保险"的无序开发。

2009年

关于设立科技银行的提案

科技型中小企业是我国自主创新队伍中最具活力的生力军，对于我国实施科技自主创新的国家战略，实现建设创新型国家的目标，具有重要意义。但科技型中小企业在发展过程中，普遍面临融资难问题。调研中，许多企业都认为，融资难是制约其开展技术创新活动、提升自主创新能力的主要瓶颈。据调查，中关村企业资金缺口达400多亿元，平均每家企业资金缺口280多万元，而且在中关村企业周转资金总量中，银行借贷资金仅占1/4。确实，由于科技型企业融资需求与传统银行体系之间存在结构性差别，现有银行体系难以满足科技企业创业与创新的融资需求。

这种状况使我国科技型中小企业创新创业面临两个问题。一是传统银行系统为科技型中小企业提供的金融支持，与它们的作用及其融资需求还很不平衡，很多富有潜质和成长性的企业由于无法获得资金而错失发展机会，导致科技创新的失败。二是目前大量国外基金看好中国经济的潜力，一方面它们瞄准并购中国行业排头兵，一方面看准那些处于成长期、有技术实力和发展潜力的科技企业。外国投资者在对这些科技企业的股权投资中不仅仅拿到了企业的资本产权，同时也拿到了弥足珍贵的知识产权。无疑，长此以往，将直接影响到我国创新型国家目标的落实。

要想改变这一状况，必须在政策上加以突破，改革我国现有的金融管理体制，探索试点一条与科技创业创新活动相适应的、多样化、多层次的金融支持体系。在众多的金融改革政策选择中，建立以提供创业贷款为主要服务内容的科技银行，能够弥补现有金融链条中科技融资匮乏的环节，是解决我国科技企业成长的融资突破口。国外实践证明，已有专为科技创业与成长阶段企业提供债务融资功能的银行，其中美国硅谷银行成功的运作模式，为我们提供了积极的借鉴。今年1月中国建设银行四川省分行和成都银行股份有限公司成立的科技支行，也将给我们提供好的借鉴。

为此建议：国家放宽金融业的市场管制，探索建立一种为科技企业服务的专业银行，即科技银行。可以首先在北京中关村科技园区、上海张江高科技园区和深圳高新技术开发区等科技型企业密集的地方开展科技银行试点工作。

拟设立的科技银行，不是一家基于现有法律框架而是基于现实需求的"给政策的商业银行"。因此，在设立准入以及其后运作中，需要国家金融监管部门给予一些政策。这些政策包括：

1. 给予科技银行参与投资或持有股权的政策。我国法律原则上禁止银行直接持有工商企业的股权。现行的《商业银行法》第四十三条规定，"商业银行在中华人民共和国境内不得从事信托投资和证券经营业务，不得向非自用不动产投资或者向非银行金融机构和企业投资，但国家另有规定的除外"。但是也可以看到，我国已有商业银行通过政府特批设立了银行控股公司，如中国银行通过香港的中银国际，工商银行通过香港的工商东亚，分别控股了国内的一些非银行金融机构，建设银行在境内控股中金公司等。所以，建议给予拟设立的科技银行可以向风险投资公司投资和通过可转换债持有公司股票的政策。

2. 给予扩大风险信贷的利率浮动范围的政策。按照银监会《银行开展小企业贷款业务指导意见》的要求，"银行应充分利用贷款利率放开的市场环境，在小企业贷款上必须引入贷款利率的风险定价机制。"建议按这一规定给予科技银行可进一步扩大对科技中小企业贷款利率浮动范围和创新利率形成机制的政策。

3. 给予发行金融债的政策。按照2005年《全国银行间债券市场金融债券发行管理办法》，对政策性银行、商业银行、企业财务公司和其他金融机构发行债券有不同的要求，但没有要求必须采用担保方式发行，也就是允许具有不同信用风险级别的债券品种在市场出现，为债券品种创新和债券市场发展留出了空间。科技银行的资金来源，除股本金外，建议可以采用发行金融债券的方式。

4. 给予一定的财政税收政策扶持政策。给予科技银行与高新技术企业同等的税收优惠待遇，在成立初期减免税收。

2009年

关于实施"农民医疗工程"的提案

我国是一个农业大国，有8亿多农民。近几年来，党中央、国务院十分关注"三农"问题，先后实施了一系列强农惠农的重大举措，取得了显著成效。其中，关系农村民生的农民看病问题一直是党中央、国务院关心的重点之一，并在农村进行了一些有益的尝试。特别是推行新型农村合作医疗制度以来，效果非常明显，深受广大农村群众的欢迎。

但是我们也应该看到，在农村医疗方面还存在许多需要解决的问题。一是农民居住非常分散。全国近8亿农民分别居住在相对偏僻的地区，医疗资源很难整合，医疗设施很难配套，难以实现规模化、集约化应用，因此也就很难发挥其最大效益。二是农民看病成本较高。农民到城镇去看病，花钱太多、费用太高，出门就得花钱，如交通费、各种检查费、医药费、食宿费等，一般的家庭很难承受。因此，农民普遍将医疗消费当成一种负担，而不是一种必须的生活消费，得了病舍不得花钱去治，能忍则忍，尤其经济困难的家庭，更没有钱去看病治病。三是农村医疗人才缺乏。农民就医问题不仅只是一个费用问题，而且更是一个人才问题，农村医疗技术人才严重缺乏是一个不争的事实，短时间内很难解决。四是农民健康观念陈旧。农村长期经济落后造成农民的健康、就医观念陈旧。认为全身上下没有疼痛就是健康，有疼痛才是疾病，再去就医。因此，农民患病就医多是因为腰疼、腿疼、肩疼引起的恶性疾病，甚至晚期癌痛等情况。

目前，有关方面正在山东省莱芜市（山东省统筹城乡发展改革试点城市）推动一项名为"农村医疗工程"的试点工作。这项试点工作考虑了农村医疗服务特点，运用新发展的中医技术，探索新形势下农村医疗体制改革新路子和医疗服务新机制。"农村医疗工程"的特点如下：

一、"农村医疗工程"所推广应用的"中医生物电技术"，是历经十几年科研的重要成果，是中医技术的创新，具有自主知识产权，符合国家中医发展纲要。

二、培训农民学习中医技术，培养农村中医技术人才队伍，创建农村医疗自救体系，创建解决看病难、看病贵问题的新机制。

三、创建农民医疗自付体系，使农民普遍享受到简单有效、成本低廉的优质医疗服务，逐步改变农民的健康观念和医疗消费意识。

四、符合国家《关于深化医药卫生体制改革的意见》中"医药卫生改革涉及面广、情况复杂，对一些难点问题要先行试点，取得经验后逐步推广"的精神。

"中医生物电技术"具有较高的研究价值和广泛的推广应用价值，有望解决广大农村看病难、看病贵问题，对于发展中医事业和服务人民健康意义重大。而"农村医疗工程"的实施更是一件惠及广大人民的民心工程，是一个庞大的系统工程，需要各级政府和社会各界的大力支持。因此，提出以下建议：

一、建议国务院卫生主管部门关注"农村医疗工程"试点工作的实施。

二、根据《关于深化医药卫生体制改革的意见》中"国务院深化医药卫生体制改革领导小组负责统筹协调、指导各地试点工作，在全国选择部分地方或单位开展试点。中央负责制定试点原则和政策框架，地方负责制定具体试点实施方案并组织实施。鼓励地方继续探索创新，结合当地实际开展多种形式的试点"的精神，建议有关方面支持"农村医疗工程"的实施。

三、建议当地政府重视试点工作的实施，制订实施方案、加强组织领导，解决试点经费，搞好工作指导，确保顺利进行。通过试点工作的实施，探索路子，积累经验。待试点结束后，组织有关部门、相关专家等对试点工作进行现场评估、总结。如果试点成功，再成立专门的工作班子，研究制定具体政策措施和实施意见，在各级政府的大力配合下，加快推广速度，以尽快惠及于民。

2009年

联名提案人：张亚忠　赖　明

关于加强农村公路养护管理的提案

公路在交通运输业中发挥着特殊的、不可替代的作用，而农村公路是促进农业、农村发展和农民生活水平提高的重要的公共基础设施。加快农村公路建设是解决"三农问题"的必然要求，是加快推进全面建设小康社会进程的必然要求，是实现交通新的跨越式发展的必然要求。随着我国改革开放政策的深入实施，农村公路作为农村经济最主要的基础设施之一，越来越显示出其在国民经济建设中的重要作用。特别是近年来随着"乡乡通""村村通"等大批国债工程建设项目的相继启动，给农村公路建设带来勃勃生机，同时也取得了可喜的成绩。目前，全国农村公路总里程达321万多公里，基本实现了"乡乡通油路""村村通油（水泥）路"。一个以大中城市为中心，辐射各县（市）至乡镇、干支相连、四通八达的农村公路网络已初具规模。它的形成大大缩短了农村各种农副产品的储运时间，加快了农产品的流通和农业信息的交流，为我国农村小城镇建设创造了良好的公路交通环境。但是，随着农村公路建设事业的快速发展，给公路养护工作提出了新的课题，传统的养护管理模式已无法适应新的形势变化。如何做好农村公路的养护管理工作已成为亟待解决的问题。

一、当前农村公路养护与管理中存在的问题

1. 重要性认识不够

农村公路建成通车后，部分地方政府及沿线群众认为行路难问题得以解决，可以高枕无忧了，无需浪费人力财力去养护。这种思想也就淡化了爱路护路的意识。事实上，一些农村公路建成后，由于失养很快遭到损害，致使公路的使用寿命大为降低。据有些县（市）统计，有些公路使用不到一年就遭到大

面积损坏，使用率不足正常的十分之一。

2. 前期建设标准低，遗留隐患大

特别是前几年建设的农村公路，由于上级补助标准低，自筹资金困难，加上部分县（市）赶工冒进，导致工程质量难以保证，附属设施差，使用寿命短，基础比较薄弱，给公路养护带来巨大压力。

3. 养护资金缺乏保障

大多数县（市、区）、乡（镇）两级财政对农村公路养护管理未列入资金预算安排，加上相当部分乡村级政府经济状况较差，在化解乡村债务、减轻农民负担及农村税费改革等方面的大背景下，公路养护管理资金筹集变得更加困难，各级政府财力有限，农村公路养护管理资金得不到保障。

4. 管理体制不顺

由于各县、乡镇级政府对《公路法》了解不够，同时受资金筹集难等因素的制约，各级政府及职能部门对农村公路管养问题常采取回避态度，致使农村公路养护管理体制不顺畅。大多数地方呈现无养护机构，无固定养护人员、无养护经费，无养护机具的"四无"状态。

5. 超载超限车辆行驶普遍存在

因农村公路上级无明确的治超政策，国省干线公路实行计重收费后，大量超载超限车辆驶入农村公路，超载超限车辆是造成公路损坏的主要因素之一。

二、建议措施

为了加强我国农村公路的养护管理工作，实现"建、养、管并举"，确保县、乡、村公路"建一条，成一条，养护一条，长期发挥效益"，开创有路就有人养护的新局面，使我国的农村公路建设和养护管理工作进入良性循环，提出以下建议。

1. 明确管养主体

依据《公路法》规定，农村公路建设与养护责任主体在地方人民政府，农村公路建设与养护主体是统一的。而从方便管理和节约成本的角度考虑，县级交通主管部门直接负责辖区县道的养护管理工作。而对乡村公路，应属乡（镇）政府统一管理，县（市、区）交通局设立县乡公路管理站，负责农村公

路养护计划、检查验收、保护路产，并对农村公路养护管理进行业务指导。乡镇设立专职的农村公路管理机构，负责辖区内乡村公路的养护工作。

2. 建立管养体制

各地方政府应尽快制定符合本地实际情况的"农村公路建设养护管理办法"，逐步建立起"统一领导，分级管理"的农村公路养护体制。"管理办法"应明确乡村公路管养实行以村为主体，乡（镇）政府统一领导的养护体制。各乡镇成立农村公路养护管理所，由乡（镇）政府领导，在业务上接受县（市、区）交通部门的指导，统一负责辖区内农村公路的养护管理。县（市、区）交通部门设立农村公路管理站，配备业务人员，对农村公路建设养护进行统筹规划和指导，并采取百分制考核的办法定期检查，督促乡（镇）农村公路管理站做好养护管理工作。各村级公路养护管理责任主体则可结合各自实际，采取组建养道班、季节性养护、流动性养护、义务分段养护、村民承包养护、委托养护等多种形式。

3. 建立管养机制

对技术难度较大的农村公路养护及道路的大、中、小修工程可在上级交通主管部门的指导下组织专职养护人员，通过招标办法落实养护管理；对养护技术难度低的村级公路的路面日常保洁、养护，由所在村民委员会组织竞标，把路面保洁等日常养护任务承包到人。鉴于农村公路养护管理资金来源缺乏，应尽快出台"以奖代补"的奖罚政策，建立激励机制。县（市、区）交通管理部门成立农村公路考评小组，负责对辖区内农村公路的检查、考核。日常工作由县（市、区）农村公路建设领导小组办公室负责组织实施。通过对受检单位公路路况和养护质量进行分析、评价和总结，根据评比后的得分情况，兑现以奖代补资金。经年度考核，养护投入不足、完不成养护计划和好路率计划的，对管理单位给予警告。违反路政管理有关规定，造成公路损坏、污染或影响道路畅通的，依据路政管理有关处罚规定执行。对路政管理工作不到位、路政案件发现不及时造成重大道路堵塞事件、路政工作年度考核不合格的单位给予警告和相应处罚。使农村公路养护逐步纳入政府行为。

4. 拓宽渠道，筹集资金

要对农村公路实行长期有效的管理，养护资金保障是关键。从目前情况来看，农村公路建成通车后的养护资金是一个十分突出的问题，有固定的、充足的资金投入农村公路的养护管理显然是不现实的，虽然上级公路主管部门正在研究对策，以后有经费也仅是补助经费，但不能满足日常支出。因此，要解决农村公路养护管理资金问题，必须拓宽筹资渠道，扩大融资方式。

（1）村道的日常养护经费由乡（镇）人民政府每年从财政预算中安排固定资金，作为养护经费的基金存入农村公路养护专用账户，不足部分由县级人民政府安排财政资金予以补助；县乡道路的日常养护经费由县级人民政府每年从财政预算和拖拉机养路费中拿出一定比例的资金存入农村公路养护专用账户，用于县乡道路养护及补助乡、村道路的日常养护。县、乡两级政府财政列支的农村公路养护资金，统一纳入县级人民政府交通主管部门设立的专用账户进行管理。

（2）省、市人民政府交通主管部门对乡村道路的养护补助资金，要全部用于乡村道路养护工程，由市级人民政府交通主管部门根据养护工程质量及进度及时拨付到农村公路养护资金专用账户。

（3）各县市要因地制宜，在积极探索农村公路养护管理新机制、新办法的同时，大力推广"以树养路""以名养路""以车养路"的成功经验及做法，多渠道筹措资金，确保农村公路养护管理成效。

5. 提高管养水平

县（市、区）职能部门要加强对所有公路养管领导小组成员和具体人员的技术培训，通过聘请有关技术人员对公路养护内容、措施、质量要求等进行详细授课，普及公路养护基本知识，提升养护人员管养水平。为做到时时管理、天天养护，主管县交通局应该制定镇村公路养护质量检查评定标准，要求各镇村公路管理所每月对辖区内的镇村公路进行检查评比，确定优、良、次、差等级。县级交通部门每季度组织各镇村公路管理所对全县镇村公路的养护质量进行抽检，抽检结果存档。每年组织各街道镇村公路管理站对全区镇村公路包括镇村公路建设、养护资金、路政管理等工作进行全面检查评定。为了保护县乡公路不受损坏，在每个公路养护管理所设立一名路政稽查员。在路政管理工作中加大宣传工作力度，使公路沿线群众增强了法制观念和爱护公路的自觉性；坚持巡路制度，重点对在公路上打场晒粮、路肩上堆放杂物、挖掘路肩和植树台、破坏公路和路树、超限车上路行驶、在路旁搭建违章建筑等行为依法治理惩处。

6. **实现管养规范化**

为使镇村公路养护管理工作实现信息化、规范化，应该协调各乡镇对全县镇村公路进行界线划分，进一步明确管理职责，哪条路属于谁管理一目了然。还应注重乡村水泥（油）路安全文明设施建设，在新建公路完善标志、标线，满足公路使用功能，在山岭、陡坡、急转弯等路段，完善相应的安全配套设施；在公路沿线醒目位置设置公路宣传教育牌。针对这几年货运量增加、超重大型车辆上路日益严重的现状，根据本地特点，可以适当在公路两端设置限载标志及限载挡块。在此基础上，对所有农村公路实行档案化管理，包括对每一条农村公路的起止点、道路结构、两侧绿化、管线埋设、边坡结构、隶属关系和管理人员的详细情况说明及养护检查考核记录一一存档，使农村公路养护步入规范化管理。

2009年

关于大部分基础研究和应用基础研究不再搞验收的提案

我国的科学家不能把全部精力都放到自己从事的科研课题上，是影响科研水平提高的一个重要因素。这与我国的科研管理体制有关，也与管理方法的不科学有关。现行科研工作管理中有不少没有必要的环节，浪费了科学家不少精力。本项提案主要讨论管理过程中最后一个环节——验收。现在凡政府设置的科研项目不论项目的性质、规模、资金强度都千篇一律要有一个"验收"：请一些专家，项目负责人报告，专家讨论，写一个评语，讨论通过，然后一起吃一顿饭结束。既耗费精力，又实在是没有必要的一个步骤。

作为基础性研究项目，取得的研究成果可以说都是公开发表的，其创新性、学术水平高低将直接受到国内外同行的评价，真正有价值的研究成果是会受到关注的。这比验收会上少数几位专家带有溢美之词的评价要客观得多。应用型研究课题的成果是直接面向市场、直接创造价值的成果，其价值接受市场的检验，验收组的评价也没有什么价值；如果有企业需要采用这些成果，企业自己也会请专家来评估技术含量和市场前景，由立项单位自己组织专家评审、验收实在是没有多大必要。

为了"验收"，课题负责人在课题快要结束时就要和单位有关业务部门一起准备评审会，大量的时间就消耗进去了。这是一方面。另一方面，参加"评审""验收"的专家也要花费很多时间，有些权威专家一个月里就接到数次参加"验收"的邀请，都是同行、同事，不去不好意思，参加得多了，宝贵时间也就消耗掉了。

近年，每次验收会都给参加"验收"的专家发"评审费"，每位专家参加一次"评审"的评审费从最初的几十元、一二百元涨到近年来的数百、上千元，甚至更高。一次评审请上七八位专家，加上招待、接送的费用，花销都在万元以上。对于资金规模不大的课题已经成为一个负担。对于评审专家来说，"吃人家的嘴软，拿人家的手软"，拿了邀请单位的好处，不说几句好话也不好意思，更何况不予以通过了。这些评审的公正、客观性免不了打折扣。评审过程必然免不了上级单位、课题主管单位的行政领导参加，经济方面的好处也少不了他们一份。这些行政领导经常参加此类"评审"，此类灰色收入已经成为影响社会风气、群众反响强烈的话题。

当然，一些国家投入的大型工程项目，在项目完成以后组织一个专家委员会，对项目进行评审、验收是非常必要的。但对于一般的基金项目，对于基础研究和应用基础研究项目，其成果是公开发表的，再组织验收就没有多大必要了。不组织对单一课题的逐一"验收"并不等于应该对项目的设置放松管理。我们认为，对基础研究、应用基础研究的评价应该放到高一级的管理层面上，例如基金委的项目组或学科组。一个项目组，几十个课题，几年时间执行下来总体情况如何？项目主任向上级汇报，也可以组织对项目组、学科组的验收。这样提高项目主任和学科主任的责任感，促使项目主任选择最优秀的科学家去承担课题。而且对基础研究、应用基础研究实行逐一评价也并不科学，此类课题是探索性的课题，一个课题做不下去或没有达到预期目标是很正常的事情，决不能因为某位科学家某个课题没有达到目的就否定这位科学家是优秀科学家。不再实行课题逐一评审验收也意味容许失败，鼓励创新。

一些科学技术比较先进的国家，在基础研究和应用基础研究方面也都不搞逐一的课题验收。我们应该借鉴这些国家的经验，基金会、各部门安排的基础研究和应用基础研究不要再搞课题验收，而把工作的重点放到管理层面上。让科学家从事务性的工作中解脱出来，把更多的精力放到科研上。

2010年

联名提案人：闫　伟　米烈汉　杜德志　李华栋　闵乃本
　　　　　陈永川　赵　韩　袁汉民　陶夏新　黄润秋

关于中国资本市场国际化的提案

随着全球逐步迈入"后金融危机"时代，以及中国经济实力的不断增强，全球政治经济格局将会发生重构，我们将面临越来越多的金融国际化问题。目前谈论较多的如人民币国际化、筹办国际板、B股市场遗留问题、中国企业海外融资及国家外汇储备投资压力等，它们看似互不相干，其实有内在联系，它们都需要一个成熟的、开放的、国际化的资本市场的支持。

九三学社中央经济委员会提出中国资本市场AB股模式作为解决上述金融国际化问题的一个可行的方案，为中国资本市场国际化提供一条稳定、可操作的途径。

一、问题

当前我们面临的比较突出的金融国际化问题如下：

（一）人民币国际化的要求

中国作为一个发展中的经济大国，要想在国际政治经济舞台上占据一席之地，其本币人民币就必须国际化，这是我们不可回避的方向。在金融危机持续深化的背景下，有关人民币的两个安排备受关注，并被解读为在美元国际中心货币地位受到挑战之际，中国加速人民币国际化的突破之举。其一是从2008年12月中韩签署货币互换协议起，不到四个月的时间中国已相继与六个国家和地区签署了货币互换协议，总规模达6500亿元人民币；其二是2009年4月国务院常务会议决定，在上海和广东广州、深圳、珠海、东莞共5个大城市开展跨境贸易人民币结算试点。

当然，人民币国际化也会使得我们在资本管制、货币政策方面面临更多的挑战，有可能增加中国在对外开放过程中的风险，这就要求我们为人民币国际化提前做好充分的物质准备。其中培育出一个发达的国际化的资本市场是实现人民币真正国际化最重要和最基础的物质准备。

（二）中国资本市场不系统不协调

改革开放以来，中国的资本市场已取得长足的进步，已有了上海和深圳两个证券交易所，中国企业可以在这两个交易所发行和流通人民币A股、外汇B股，中国企业也可以在境外市场发行和流通H股（香港）、ADR、N股（纽约）、S股（新加坡）、红筹股等。境外投资者可以通过QFII投资中国A股、中国大陆居民可以通过QDII投资境外股市，等等。这些尝试都非常好，非常有效，但是这些安排之间缺乏系统性、宏观性的连接，每个安排彼此之间没有进行有机地整合，导致中国资本市场国际化要素间的割裂。

目前上交所正在筹备推出国际板。在上海证券交易所设立国际板，吸引全球知名、优秀企业来中国上市，以提升中国股票市场的地位和投资价值是上海建立国际金融中心的必然选择。推出国际板可能是一次理顺中国资本市场诸多国际化要素间关系使其建立起系统、协调连接的机会。

（三）目前我国外汇资金相对充裕，国家及民众都需要寻求更多的外资投资渠道

近年来，我国的外汇储备迅速大幅增长。2009年6月，我国成为全球第一个超过2万亿美元外汇储备的国家，独占全球外汇储备的30%。

如此巨额的外汇储备，给国家造成了比较大的运用压力和风险。

由于我国的结售汇制度，使得外汇主要集中在国家手中，不像日本等国外汇大量在民间由民间投资消化。我国目前的外汇储备集中由外汇管理部门和中国投资公司等政府背景的机构进行投资。除了政府投资和主权财富基金等政府背景的机构投资外，应鼓励民间直接投资，如正在推行的QDII和对外直通车投资等。投资主体的多元化可以降低外汇储备投资决策过于集中带来的系统性风险，同时缓解国家外汇占款过多引来的货币政策两难境地。

二、解决之道唯有A、B股模式

针对以上问题，需要有创新有突破点。借这次上海证券交易所打造国际板之际推出AB股模式就将是重大的突破和创新。

所谓的AB股模式，就是吸引境外优质企业到上交所既面向境外普通投资者发行A股筹集人民币，同时也可以根据自身需要面向境外投资者及境内持有外币的投资者发行B股筹集外汇。如此一来，国际板就真正被打造为境内外投资者均可参与的开放市场。随着B股市场的发展壮大，不仅中国资本市场在世界上的影响力得以提高，而且也为境内居民外汇资产的对外投资提供了良好渠道，进而缓解外汇储备急剧上升的运用能力。

具体说来，当境外企业在国际板发行上市时，可以按一定的比例同时发行A股和B股。发行价格统一，但A股以人民币融资，而B股则以美元或港币融资。所募集的外汇，可方便地在海外运用，筹集的人民币则可以投资于内地。

在此基础上监管部门应及时彻底地解冻B股市场，恢复B股融资功能，允许已上市的境内所有A股上市公司可根据自身用汇需求通过B股筹集外汇，使所有上市公司均享有自主加入AB股模式的权利。

此外，也应该解除对国内机构投资者投资B股的限制。允许国内券商、基金投资B股市场，并推出针对B股市场的集合理财产品或基金产品。

三、AB股模式的好处和障碍

（一）好处

1. 因为打通了境外发行人、境内发行人与境外投资者、境内投资者的参与通道，为中国资本市场国际化打开了一扇窗，从长期来看，有助于国内股价和国际接轨。

2. 能够吸引来全球优质的上市公司，同时能够吸引留住本想赴境外融资的优质境内公司，有利于争夺优质企业资源。

3. 为众多中国中小上市公司创造了"走出去"的外汇后盾。

4. 在中国证监会的严密监管下，发行人和投资者不会受制于境外监管者，有利于保护中国企业和民众的利益。

5. 给民众创造了直接运用手中外汇的机会，让民众直接参与境外投资，被投资对象都是遴选出来的优质企业，比国家集中运用外汇投资安全。

6. 民众还可能从国家购汇投资B股，进一步减轻了国家的外汇投资压力。

7. 为人民币资本项下自由兑换做了铺垫。

8. 会成为推动上海成为国际金融中心的强劲推进机。

9. B股市场在中国证监会的监管之下，再大发展其规模也完全可控，可以通过控制规模盘子，使其有规划地增长，流入的外资对中国市场冲击是有限的，不会妨碍我国的外汇管制。

（二）障碍

1. 鉴于中国仍是外汇管制国家，国内还没有形成一个成熟的市场化的外汇货币市场，B股理性估值定价面临挑战，核心是缺乏无风险利率结构可参照。可考虑在上海发行港币计价的国际板B股，以港币及香港市场作为估值参照。

2. B股市场做大一定会对香港市场形成一定的冲击。只要保持香港市场的政策不变，H股、红筹股照发，B股市场的扩张节奏在国家调控范围之内，对香港市场的冲击是有限的、可控的。

四、对策及具体建议

第一，建议中国证监会及上海证券交易所尽早研究AB股的可行性，解冻B股市场，并将B股纳入到此次国际板试点中去。

1. 恢复B股的融资功能，可先行开放B股非公开发行。

2. 简化B股融资的审批程序，尽量接近香港联交的审核效率。

3. 开放境内机构投资者买卖B股，使B股投资群体与A股投资群体形成较大的交集。

4. 允许有外汇需求的境内上市公司自主决定申请同时发行A股和B股，两者比例自主决定。

5. 考虑试点在上交所发行上市以港币计价的B股。

6. 试点国际板时，遴选优质境外企业在上海同时发行A股和B股分别筹集人民币和港币，两者比例又由发行人自主决定。

第二，建议中国人民银行尽快研究在上海建立港币在岸交易系统的可能性。

1. 让上海和深圳的B股市场皆以港币计价。

2. 在上海建立一个在岸的流动性较强的以港币计价的货币市场。

2010年

联名提案人：米烈汉　李　彬　李华栋　陈永川　赵　韩

　　　　　　袁汉民　陶夏新　葛会波

关于利用政府资金引导民间投资的提案

政府在积极推进四万亿投资等经济刺激计划实施一周年后，企业生产经营困难虽有所缓解，但当前经济中结构不合理、民间投资比重偏小、消费增长太慢仍是突出问题。在此次危机中，相对其他全球主要经济体，中国的增长尽管最为强劲，但正在走出底部的欧美经济留给中国企业的短暂的发展黄金期可能只剩下未来的一年左右的时间。如何推进产业结构调整，引导产业升级和产业可持续的健康发展，缩小我国传统和新兴产业与发达国家的差距，增强和促生一批在全球范围内更具竞争力的中国企业，将成为中国经济在后金融危机时期必须解决的一个重大的战略性问题。

我们建议：中央及地方政府通过发起设立不同投资方向的股权投资引导基金，引导和集合社会民间投资，并充分运用市场机制（即选择市场中优秀的PE/VC管理公司），将资金投入到富有竞争力和活力的企业中，既可提高政府的投资效率，又可由政府引导带动全社会资源积极参与和推动结构调整与产业升级。

一、政府发起设立引导基金的优点

1. 目前国家和各省级的政府引导资金一般在股权基金总额中占比为20%—30%，在保值或适度增值条件下通过少量的让利，引导基金可以有效地吸纳70%—80%的民间资本，直接将政府投资放大至3.3—4倍，将极大地激发民间投资的力度。

2. 可以集合并引导民间资本投资于国家或各省鼓励培育、发展的新兴产业或需要进行结构调整、产业升级、急需技术创新的产业中，以及重点扶持中小企业的发展等等；通过投资引导的示范作用，可避免和减少民间资本的盲目投资，缓解民间投资集中于房地产、股票等资产性投资领域的不平衡状态。

3. 目前已实施的政府引导基金通常交由那些经自由竞争、公开筛选的优秀的专业的投资管理团队来管理，而且还通常要求主要管理人必须投入较大比例的自有资金。这样做可充分发挥作为市场主体的专业管理机构的市场化专业化的决策机制，摆脱过去那种由行政主管部门决策的非专业化弊病，而且专业管理机构还将给被投企业带来诸如改善法人治理结构、战略提升、运营改进、资本运营、国际化等管理上的增值服务，提升企业竞争力，大大提高了投资的成功率和投资效率。

二、对政府设立引导基金的若干建议

目前已有一些国家部委和省市设立了各类引导基金，总体上也采用了较为市场化的运营机制。应坚持并进一步加大这种投资和引导形式。具体建议如下：

1. 多层次地同时设立不同领域的引导基金并加大基金额度。一是国家级引导基金：建议国家有关部委如科技部、发改委、工信部等部委发起设立专项引导基金，每只可在至少200亿元以上。引导社会资金投资于高科技创新企业和国家重点培育的新兴产业如新能源、环保技术、现代农业等。二是省级和地方引导基金：建议各省和地方政府应大力扶持中小企业，或结合各地特点，通过设立不同领域的引导基金，来改善、调整本地区的经济发展模式和产业结构，形成有地方特色的、有独特竞争力的地方产业。省级每只引导基金可在至少10亿元以上（对尚无经验的省市，可分阶段实施）。三是重点领域、重点行业的联合引导基金：对于需要重点扶持的高科技、环保产业、新能源、现代农业、现代服务业和金融服务业等亟待发展的领域，可以国家级部委牵头，联合地方政府和行业主管部门，联合发起设立引导基金，共同推进这些领域的投资（要注意避免各省的重复引导投资），在调整结构的同时，培育新的经济增长点。每只引导基金可在至少150亿元以上（对尚无经验的主管部门，可分阶段实施）。

2. 坚持市场化运营的原则，并加大配套扶持政策。根据引导基金投资方向、投资领域、投资风险的不同，建议政府可在配套财政税收、政府投资让利等方面进行政策倾斜，以吸引、鼓励民间投资机构和民间资金参与引导基金。

2010年

联名提案人：刘政奎　米烈汉　杜德志　李　彬　张大方
　　　　　　陈永川　郑祖康　袁汉民　陶夏新　葛会波

关于农村慢性病防控的对策的提案

目前我国已经将预防慢性病纳入了国民经济与社会发展规划，制订了慢性病防治策略和规划。新医改的出台，为农村慢性病的防治提供了政策保障，把慢性病防治纳入到基本公共卫生服务，但农村慢性病刚起步，面临着许多问题，需要各级政府重视农村慢性病的防治工作。

一、存在的问题

1. 农村慢性病发病和患病人数快速增长、疾病救济负担较重。随着经济的发展、寿命的延长和生活方式的变化，疾病谱正在发生迅速变化。近几十年来，急性传染性疾病得到了有效控制，但心脑血管疾病、癌症等慢性病正在成为患病的主要原因。慢性非传染性疾病的患病人数迅速增长，成为医疗费用快速增长的重要原因。在贫困地区和西部农村，此问题显得尤其突出。年轻人出外打工，老人大量在农村，使得农村慢性病病例的数量和比例增大，成为影响农村居民健康的重要问题。根据调查，在我国西部省份宁夏农村慢性病的患病率为13.3%，就诊率为6.1%。慢性病人中，就诊病人占46.3%。在农村，慢性病月均医药费用402.47元，其中统筹报销支付83.13元，自付费用319.3元，占医药总费用79.4%。可见慢性病给农村居民带来较大的经济负担，也是造成医药费用难以控制的重要原因之一。

2. 农村慢性病综合防治干预措施滞后，服务能力不强。目前我国慢性病防治干预主要在城市社区进行，尤其集中在中等和大城市。在部分西部农村地区，慢性病的防治干预工作刚刚启动。如宁夏区通过对45岁的农民进行健康体检，共74万人接受了体检，筛查出高血压83799人，糖尿病近1万人。现在需要规范管理这些病人，但农村卫生机构服务能力较低，没有固定人员从事慢性病防治与干预工作。此外，由于村医诊疗水平不高，慢性病患者选择到高级及医疗机构就诊。如宁夏的一项调查结果表明：慢性病患者去县级以上医院就诊的比例为44.4%，其次为乡镇卫生院占27.3%，村卫生室仅占13.2%。

3. 专项资金不足，保障制度不完善。慢性病综合防治是一项投入大、见效慢的长期工作，要保障这项工作的持续发展，必须要有足够的资金保障。慢性病防治的资金来源包括政府公共预算支出、各类医疗保险支出、个人支出及社会救助等。这种多渠道筹资机制是保证慢性病防治可持续发展的基础。现阶段我国慢性病防治的公共服务费用人均只有15元，远远不能满足慢性病防治的实际需要。目前农村卫生保障水平不高，新型农村合作医疗及城市居民保障对于慢性病的补偿还在试点摸索阶段，医保的重点还是住院费用，承担慢病防治的基层医疗机构门诊费不能报销，致使一些明确有效的防治措施无法实施，存在慢性病防治经费严重缺乏的现象。特别是基层卫生服务机构，大多依靠政府财政补给，但由于资金不到位，乡镇卫生院、村卫生室仍以常见病的初步诊断、治疗为主，不能针对慢性病特点提供特色化的优质服务以满足群众需要。

二、对策与建议

1. 加强乡镇村级服务能力建设，建立完善的农村医疗卫生服务网络。基层卫生机构直接面对慢性病患者，开展慢性病防治工作效果较好。因此，应明确村卫生室、乡镇卫生院和县医院在慢性病防治方面各自的定位，完善农村慢性病防治服务体系。在考虑人群需要和医疗卫生服务效率及质量的基础上，明确村医的定位，界定其工作职责、范围和内容。村医的职责，除了免疫接种、预防、健康教育以及结核病例的监测、转诊、随访和管理、医治常见病以外，扩展到慢性病管理和家庭访视。通过培训，提高村医防治慢性病的能力，然后可将原来由乡镇卫生院承担的部分慢性病防治工作由村卫生室来承担。将县医院中可由乡镇卫生院完成的服务调整至由乡镇卫生院提供。

2. 建立科学的慢性病防治机制。一是建立慢性病健康管理档案。根据本地疾病谱，开展慢性病的筛查工作，在乡镇卫生院建立慢性病的健康档案。例如高血压、糖尿病、肝炎、结核、包虫病、妇女病专病档案，采取先进的慢性病管理和干预措施，开展有针对性的慢性病健康教育，有效控制慢性病发生发展。改善农村老百姓的健康状况，使老百姓少得病。二是将常见慢性病纳入门诊报销范围，制定在不同的医疗机构报销不同的比例，减少住院，控制医疗费用增长。

3. 提高农村卫生服务能力，把培养合格的村医作为突破口和重点。进一步完善农村卫生服务体系，加强村卫生室、乡卫生院的能力建设，培养合格的医生。继续加强对农村卫生人员的培训，每年对乡村医生轮训一次，加快乡村医生知识更新步伐，完善保障机制，在核编定岗的基础上，逐步的全面推行乡镇卫生院编制内人员工资按事业单位的标准由县（区、管委会）财政全额核拨；提高乡村医生补助水平，推行乡村医生参加农村社会养老保险保障，由财政给予一定的资金补助等。总之，建议政府有关部门应该采取措施提高村医的收入水平，使村医有更多的时间和精力从事慢性病管理等公共卫生工作。

4. 推广应用慢性综合干预控制适宜技术、全民健康生活方式行动的经验和模式，加强慢性病政策与技能培训，实施技术合作和帮扶工程。帮助山区、贫困地区卫生院提高医疗水平，进一步提高农村卫生队伍的整体素质。

2010年

联名提案人：刘秀晨　米烈汉　李　彬　李华栋　张亚忠
　　　　　　陈永川　郑祖康　赵　韩　袁汉民　陶夏新
　　　　　　黄润秋　葛会波

关于建立蔬菜农药残留自检机制的提案

蔬菜农药残留是我国食品安全中一个令人关注的问题。近年来，我国由于蔬菜农药残留超标所造成的食品安全事故接连发生。2010年1月，海南豇豆在武汉、上海、郑州、合肥、杭州、广州等11个城市检测出农药残留超标；4月，青岛、常州等地先后发生因食用有机磷超标韭菜而造成数十人中毒事件；10月，有关社会组织委托有资质的第三方检测机构抽查了北京三家超市，结果乐购超市的豇豆、百佳超市的蜜橘样品农药残留超标。蔬菜农药残留对人体健康危害严重，突发可造成食物中毒，缓发则可渐次对身体造成损害，乃至致癌、致畸。由于蔬菜是人们每天都需用的食品，因此其农药残留问题应该引起充分重视。

我国《农产品质量安全法》等食品安全法规对农产品农药残留有明确标准，对经检测超标农产品也明确规定不准销售。但农药残留超标的农产品还是不时流入市场。原因何在？我们认为很重要的一点是我国缺乏蔬菜农药残留的自检机制。一是对蔬菜农药残留缺乏严格的市场准入自检要求和严厉的超标处罚规定。发达国家的农产品安全一般都源自生产者的诚信自律，而这种诚信自律行为是在其严格的检测与处罚制度下形成的。欧盟和丹麦法律规定，农产品生产企业必须实施自我检查计划。美国、加拿大、日本等国都已经或正在实施强制性的HACCP计划。目前发达国家正开始将农产自检纳入法律要求，未经自检的蔬菜不得进入市场。美国农产品上市之前，都要经过FDA严格抽查。农药超标农产品不仅不许上市，而且要给予巨额罚款和一至三年内不准上市的处罚。我国《农产品质量安全法》虽对农产品的生产经营者提出了自检要求，但却没有"未经自检不得上市"的硬性规定。对于抽检不合格的农产品，也只是要求销售者停止销售，并没有罚款及一定期限内不准入市等处罚规定。这种软性的自检要求和较低的违法成本往往使农产品生产经营者不屑于下大力气追求农药残留达标。

二是没有在小农散户中大力推广农药残留自检技术。我国蔬菜生产的主体是小农散户，而发达国家蔬菜生产的主体则是大型企业。因此，目前国际通用的农药残留检测设备色谱仪虽价格昂贵，发达国家的企业依靠规模化生产仍有能力购置，我国的小农散户却买不起也用不起。农业部推广的速测检验仪只有1万多元，种菜大户有能力购置，小农散户仍然难以承受。国家重大科技专项"食品安全关键技术"农药残留胶体金免疫试纸的研究成功，为农药残留提供了一种快速、简便、灵敏、准确的检测手段。这种技术检测成本低，平均到每斤蔬菜两三分钱，小农散户都能用得起。但由于缺乏有效的推广机制，至今没有得到广泛应用。

综上所述，重抽检轻自检，是蔬菜农药残留超标不能有效遏制的症结。因此，建立农药残留自检机制，从源头上控制蔬菜残留农药超标，是解决这一问题的根本途径。为此提出以下建议：

一、树立农产品生产经营者是农产品质量安全责任主体的观念，无论单位和个人都必须对农产品质量安全承担第一责任。

二、建立蔬菜农药残留源头自检制度，蔬菜生产经营者必须对准备上市的蔬菜进行自检，并填写自检报告或质量证书（如出厂工业品的质量合格证），以示承担的质量安全责任。

三、修改《农产品质量安全法》第26条，明确农产品上市前必须自检，上市时必须提供自检报告或质量证书；修改《农产品质量安全法》第37条，明确对上市的农产品要查验自检报告或质量证书，无自检报告或质量证书不准入市销售。

四、完善《农产品质量安全法》及相关法规，对无自检报告或质量证书而上市的农产品，要追究相关人员的责任；对农药残留超标的生产经营者上市农产品，要给予经济、禁止入市乃至取消入市资质等处罚。

五、将中小型农药残留检测技术设备（如速测检测仪、农药残留胶体金检测试纸等）纳入农业农机补贴范畴，以鼓励中小农户购置，为农药残留自检提供技术保障。

六、政府有关部门要组织力量大力推广适合中小农户的农药残留检测技术（如速测检测仪、胶体金检测试纸等），使农药残留自检切实落实到蔬菜生产的源头。

2011年

关于重视政府信息公开工作的提案

　　政府信息公开，是落实"权为民所用"理念，建设阳光政府、法治政府和服务型政府的一项基础性工作。2008年5月1日《政府信息公开条例》（以下简称《条例》）实施以来，我国政府信息公开工作不断发展并取得积极成效。但在实践中也显露出一些不容忽视的矛盾和问题。我们认为，做好政府信息公开工作，对于"十二五"期间把经济发展方式转变到保障和改善民生这个出发点上来，对于推动政府转变职能、提高社会管理和公共服务的科学化水平，对于推进我国社会主义民主政治与和谐社会建设，都具有十分重要的意义，应该引起高度重视。为此，提出以下建议。

一、充实信息公开内容

　　目前政府信息公开的内容与公众的期望与需求存在着差距。一是公开的多是一般性信息（如机构职能、工作制度、政策法规、办事程序等）和政府部门希望公众了解的信息（如工作成绩、领导讲话等），而对于公众关心的热点问题则公开的不够充分；二是公开的信息往往比较抽象、原则，如财政收支信息的公开多是粗线条、大科目、专业性强，一般人很难看懂；三是一些具有信息公开义务的社会公共服务机构（如电信、电力、医疗、交通、教育等）信息公开不够充分，而这些机构的信息因与民生关系紧密而受到公众的热切关注；四是信息公开的往往只是决策结果，而缺乏决策的过程以及公开后的反馈和答疑机制。

　　建议：对政府信息公开的内容做出较为详细的规定。一是明确政府信息公开的内容细目，把与公众利益关联度高的民生问题（如就业、社保、医疗、住房、物价、教育等）和公众关注度高的财政收支问题（如行政成本、"三公消费"、土地出让收支、政府采购与工程投资等）作为信息公开的重点。二是提高信息公开的透明度，财政信息应按部门、按项目公开收支细目，公开形式要通俗，使公众能看得懂。三是明确具有信息公开义务的社会公共服务机构名单，并对其公开信息的科目与标准做出明确规定。四是明确决策信息不仅要结果公开，而且要程序公开、过程公开，并建立反馈答疑机制，使决策全过程在阳光下运行。江苏无锡、浙江温岭、河南焦作等地通过民意测评、社会听证等形式吸收公众参与财政预算编制，取得良好效果，应给予推广。

二、建立公众参与机制

当前政府信息公开的公众满意度不高，一个重要的原因是信息公开的过程缺乏公众的参与。首先，哪些信息可以公开，哪些信息不可以公开，以及信息公开到什么程度，完全由政府单方面决定，公众并不知情。因此有时会形成这样一种现象：政府公开的信息公众并不关注，而公众关心的信息政府却没有公开。其次，还没有形成一套公众对政府信息公开的评价与监督机制。

应当指出，公民有序政治参与是促进决策科学化、民主化的有效途径。在公众广泛参与基础上形成的决策，往往会得到公众的广泛认同。因此，政府信息公开工作要得到社会广泛认同，也应该建立公众参与机制。为此建议：1.建立政府信息公开听证制度，对政府信息公开的内容细目进行听证，对公众关切度高的民生、财政收支等信息的公开范围、程度进行听证。2.建立政府信息公开评议监督制度。包括：人大定期对政府信息公开工作进行监督检查；政协、民主党派、人民团体可通过提案、座谈等形式对政府信息公开情况进行评议、提出意见建议；通过选聘社会监督员、召开座谈会、开展网络评议等形式鼓励公众对政府信息公开工作进行评议监督；等等。

三、完善相关法律法规

目前政府信息公开存在公开范围窄、公众参与度低等问题的深层次原因在于现行法律法规体系的不完善。一是《条例》自身存在不完善之处。例如，《条例》关于公开与保密划分的规定过于原则和模糊，这给实施过程中的行政自由裁量权留下了较大空间；又如《条例》对赔偿问题没有规定，这使得因信息该公开而未公开造成损失的权利人无法得到补偿，等等。二是现行的《条例》与《保密法》《档案法》之间存在不协调。《保密法》《档案法》的立法指导思想都是"以不公开为原则，以公开为例外"，因此《保密法》设密范围较宽，而《档案法》"30年内不得公开"等限制则过严。《条例》的立法指导思想是"以公开为原则，以不公开为例外"，因此在信息公开的范围与程度上有时与《保密法》《档案法》存在不相适应。由于《条例》是行政法规，位阶较低，自然要服从国家法律。这往往对政府信息公开的范围与程度产生影响，也往往成为某些政府工作人员不愿公开信息的"挡箭牌"。

为此建议：第一，完善《政府信息公开条例》，对公开与保密的划分做出较为具体的细致规定，对公众参与、赔偿等问题做出补充规定；第二，统筹协调《保密法》《档案法》与《条例》的关系，例如《保密法》应对保密范围做出适当调整和细致规定，《档案法》规定的保密期限应当放宽等，最根本的是要适时制定一部《信息公开法》，在法律层面处理好"公开"与"保密"的关系，落实"公开是原则，不公开为例外"的要求。

2011年

关于改进城市住宅小区物业管理的提案

近年，我国各大城市住宅小区中的物业管理纠纷大量产生，并呈现出愈演愈烈的趋势。据中国人民大学对北京70个居民区的调查结果显示：住宅小区的业主与房地产开发商和物业服务企业之间发生过严重纠纷的小区占80%，其中产生肢体冲突和暴力冲突的小区占37%。在这些物业纠纷中，固然也会存在业主侵犯房地产开发商和物业服务企业的合法权益的情况，但不可否认，更多的是房地产开发商和物业管理服务企业侵犯业主的合法权益，"业主花钱买冤家"的现象屡见不鲜。

一、物业管理服务存在的问题和原因

物业管理服务收费制度在我国已运行了二十多年，国家也出台了相关的法规，然而为什么存在的众多问题仍然得不到根本解决？这应当从制度设计、服务者的资格素质、法律关系等方面加以深刻探讨。

（1）法律制度存在漏洞，服务管理收费章法紊乱。

《物业管理条例》是目前物业管理方面的主要法律制度。该条例把业主的权益强化成业主委员会的权利义务，没有赋予业主个体与物业管理服务企业平等对话的地位，对物业管理服务企业约束力不强。由于《物业管理条例》是行政法规而不是法律，因而对物业管理服务企业服务收费约束性不强。部分依法设立的物业服务管理企业虽然具备合法的服务收费资格，服务收费项目标准也在物价部门做了备案，手续合法。但是，他们采取移花接木的手法自定服务项目和收费标准向业主收取名目繁多的违规收费。而这些都是由于目前我国相关法规、法律不健全，导致物业服务管理企业可以钻制度的漏洞。而当出现问题业主利用司法维权时，法官也只能和稀泥了事。

（2）物业企业实力较弱，准入门槛偏低。

目前，虽然物业管理行业已采取了公开招投标制度，并且住房建设部颁布的《物业管理企业资质管理办法》中，对各资质等级的物业服务企业的业务范围进行了具体规定。但公开招标整体力度不大，操作性不强，导致不能公平竞争，特别是父子连带关系不能给物业管理行业提供相对公平的舞台。据统计，目前全国70%以上的物业管理企业是由房产开发商派生出来的，或者由原房管所转制而来。这种建管不分的"父子兵"体制，某种程度上决定了物业管理依附、受制于房地产开发企业，如此就可能出现重建设、重销售、轻管理问题。这些物业管理企业继承房地产开发商前期遗留问题，延续房地产公司的管理模式，市场意识淡漠，垄断经营思想较重。这些物业企业没有多少自有资本，只有依靠多收费生存和发展。物业企业经营规模普遍偏小，服务面积较低，制约其发展。并且，现在准入门槛的过低也使没有多少资金的人都可以设立物业企业从事物业管理收费。一些物业企业虽然资质欠缺，仍然可以进入社区服务。由于内部管理混乱，各类人员分工不明确，"麻雀虽小，五脏齐全"。企业为了保证正常开支，就采取乱收费把企业的亏损转嫁给业主，侵犯业主的正当权益。

（3）业主维权举证困难，维权成本过高。

面对自己的合法权益被侵犯，业主掀起了"维权运动"。然而，在大多数情况下都难以达到有效的维权效果。从业主与房地产开发商、物业服务企业之间的民事契约关系的性质来看，司法诉讼途径应该是最佳的途径。但事实并非如此。我国民事诉讼采取的是"谁主张，谁举证"的原则，处于弱势地位的业主提起诉讼存在举证困难的问题，房地产开发商和物业服务企业掌控着信息优势，个体分散的业主要证明房地产开发商或物业服务企业违约侵权，必须提交相当有说服力的证据，但结果往往是业主由于种种原因拿不出法院所需要的证据反而败诉。并且在业主维权的过程中，处于强势地位的房地产开发商和物业服务企业往往有自己的法律顾问群体，而普通业主缺乏专业法律知识，要将相关业主组织起来，需要花费大量精力、时间和财力，导致业主司法维权成本过高，往往无可奈何，不了了之。

（4）物业企业信用意识淡薄，违法成本过低。

由于法律法规不健全，物业企业的经营行为得不到有效的监督和约束，使企业信用观念淡薄，信用水平低下，欺骗业主的行为时有发生。而法律惩治力度不够，物业企业违法成本低，更助长了违法物业企业的"势气"。政府有关部门没有很好地行使监督管理权，也没有严格审查物业企业的资格，对一些没有资格的物业视而不见，听之任之，对物业乱收费检查较少，群众举报案件查处力度不大。

（5）服务水平与收费不匹配，服务质量缺乏客观评价的标准。

一些具备法人资格的物业企业法律意识淡薄，收费项目和标准不在价格管理部门备案，参照其他社区的备案标准收费，也不考虑小区规模和服务范围以及业主的实际承受能力，自立项目，自定标准收费。有些物业管理企业收了服务费，却不按协议和规定的标准提供相对应的服务，只收费不服务或少服务。收取保洁费，却很少打扫环境卫生，有些从来不打扫楼梯，垃圾也不及时清运。乱搭乱建也不过问，消防通道也不通畅，存在安全隐患，路灯很难保证，车辆划伤丢失责任不明。

二、改进物业管理服务的建议

物业服务管理引发的矛盾日益突出，已成为影响社会安定的原因之一。因此，加快物业管理改革，依法确定科学、规范、合理的物业管理服务收费标准，既符合业主的利益和愿望，也有利于物业管理服务的价值补偿，是促进物业管理行业健康有序发展，维护社会稳定的有效措施。

（1）建立完整的物业管理、服务收费法律法规体系，依法实施管理、服务收费。

现行的《物业管理条例》《物业服务收费管理办法》在实际运行中暴露出的制度缺陷造成了不少问题，制约着物业管理的良性发展，应当进一步修订完善，使法规上升为法律。依法实施管理、服务、收费、监督。明确规定房产证持有人和房子共同所有人（户口本上的所有成员）业主资格。业主家庭有权选派家庭成员代表参加业主大会，享有业主权利义务，参加会议的人员享有选举权和被选举权、缴纳物业管理费、行使监督职能。依法规范物业企业资格认证、建设单位移交手续和监督、管理机关、职能设定、服务范围、业主权利义务、收费规定、违约责任、监督管理机关不作为和违法责任等，从制度设计上预防损害业主和企业利益的行为，依法管理服务收费，创建和谐社区。

（2）明确业主委员会的法律地位，制订科学合理的物业管理服务项目和收费标准。

现存的业主委员会一缺乏权威，二没有资金保障，地位很尴尬。应当在所制定的相关法律中，明确业主委员会由业主选举产生，接受街道办事处和居委会的指导，受政府房产管理机关和价格管理机关的业务指导和监督，管理小区公共设备和公共房屋的收益分配，增强业主委员会的经济实力。政府价格主管部门要在广泛调查研究的基础上，确定具体物业服务收费项目，实行物业服务管理企业分等定级收费制度。按照物业企业注册资本、经济实力、服务质量以及小区的大小、房屋面积等确认等级，制订具体服务质量标准和收费标准。鉴于我国各地经济发展水平、居民收入差异较大的实际情况，服务项目基础价格由当地价格主管机关确定指导价。

（3）强化业主委员会作用，提高物业管理服务水平。

政府要加强工作力度，指导尚未成立业主委员会的住宅小区尽快设立业主委员会。帮助不规范的业主委员会修订章程，完善机构，充实人员，规范业主委员会的工作程序，监督物业管理服务企业的行为，促进物业管理服务、收费走向规范化。物业管理服务企业应转变观念，摒弃以管理者自居的落后理念，确立"服务者"的角色定位，正确处理管理与服务的辩证关系，寓管理于服务之中。要不断挖掘服务深度，拓展服务广度，切实提高服务质量，改善服务态度，以优质的服务和合理的收费赢得业主的信任。寻找商机，租用小区共有的经营性房屋和设施从事开发经营，增加企业的收入，方便业主生活，提高服务档次。把竞争引入物业管理市场，逐步淘汰规模小、实力差、服务质量低、成本高的物业企业，促进物业公司联合起来组建实力强大的物业企业，实现规模化经营。

（4）强化监管职能，实行备案和检查制度。

政府有关职能机关应当加强对物业企业的监督和管理，实行准入制度。物业公司的设立和入驻住宅小区都要在房地产管理机关备案。政府房地产管理机关要切实加强对物业公司经营管理活动的监督管理，实行定期检查、审查，及时治理违规行为。政府价格主管机关应当强化价格管理职能，充分运用价格法律法规实施科学调控。物业管理收费实行收费许可制度，在统一的作价原则下，允许物业公司充分考虑自己资质等级、所处地区、小区规模、服务水平、管理能力制订收费项目标准，报政府价格主管机关备案后执行。物业管理企业要实行明码标价，亮证收费，要公布服务质量标准、收费项目标准、收支情况，自觉接受业主监督，使质价相符。政府物价机关要开展物业收费年检，对达不到服务标准、业主反映强烈的物业企业降低收费等级标准，及时处理群众投诉，加大监督检查力度，打击物业乱收费行为。

（5）实现物业管理市场化，引进竞争机制。

目前全国70%以上的物业管理企业是由房产开发商派生出来的。要改变"谁开发，谁管理"的现状，从法律和政策范围剥离房地产开发企业与物业管理服务企业的依附关系。物业管理服务企业应当在工商机关注册登记取得法人资格，完成在政府房地产管理机关的备案方可从事物业管理。物业企业应当靠优质服务和品牌参与市场竞争，在政府房地产管理机关的监督下接受小区业主委员会的公开招标，中标后入驻小区，在政府价格主管机关领取收费许可证，制订服务收费项目标准，公布后从事管理收费。通过市场竞争，使那些实力较强、规模较大、服务质量好的知名企业脱颖而出，从事较多的业务，创出品牌，用优质服务，合理收费占领市场制高点，促进物业管理服务行业健康有序发展。

2012年

关于全面推动生态旅游的提案

生态旅游是近年来在国际上兴起的一种以可持续发展理念为指导的旅游模式。国际生态旅游协会给其下的定义是："生态旅游是游客到自然景区的一种负责任的旅行，这种旅行不仅要求保护生态环境与地方文化的完整性，而且必须维持并提高当地居民的生活水平。"该定义包含了四个要点：第一，生态旅游的对象是自然景观及当地的特色文化；第二，生态旅游的核心理念是保护生态环境与地方文化；第三，生态旅游是一种践行生态保护理念的旅游活动，并且有相应的教育功能；第四，生态旅游要求维持和提高当地居民的生活水平。

生态旅游自20世纪90年代在我国兴起后方兴未艾，至今已初步形成了以自然保护区、森林公园、风景名胜区、湿地公园、地质公园和水利风景区等为载体的多类型的生态旅游地体系。2006年，国家旅游局、国家环保总局和建设部联合召开第一届全国生态旅游工作会议；2008年，国家旅游局和环境保护部发布了《全国生态旅游发展纲要（2008—2015）》；2009年，国家旅游局确定当年为"生态旅游年"，提出了"走进绿色旅游，感受生态文明"的宣传口号。这些大大促进了生态旅游的发展。

我国生态旅游在取得长足发展过程中也暴露出一些不容忽视的问题。最突出的问题是许多地方没有把生态旅游作为一种保护生态的旅游，而是作为拉动经济、提高收益的手段，因而在发展中出现了"重经济轻生态""重开发轻保护""重眼前轻长远"的倾向，实际上背离了生态旅游的宗旨。如有的地方在名山大川、瀑布潭溪边大建楼堂馆所、娱乐设施，严重破坏了自然生态环境的和谐；有的盲目扩大游客数量，游人熙熙攘攘、摩肩接踵，远远超出了环境容量的限度，所造成的空气、水质、噪音、固体废弃物污染对生态环境产生了严重威胁。有调查表明，在已经开展生态旅游活动的自然保护区中，44%存在垃圾公害，22%因开展生态旅游而使保护对象受到损害。

2011年发布的国家"十二五"规划提出"全面推动生态旅游"，使生态旅游进入了一个新的发展阶段。如何落实"规划"的这一部署？笔者认为要在"全面"两个字上下功夫。一是必须全面把握和贯彻生态旅游的宗旨，使其切实成为保护生态的旅游；二是从经济建设、政治建设、文化建设、社会建设以及生态文明建设五个方面全面推动，统筹协调，科学发展。为此提出以下建议：

一、经济建设方面。转变发展方式、调整经济结构是我国经济面临的一项突出任务。为此，国务院颁布的《关于加快发展旅游业的意见》提出要将旅游业培育成国民经济的战略性支柱产业。如何培育？笔者认为，要吸取第二产业发展中"先污染后治理""先建设再规范""先损害再补偿"的教训，从一开始就将生态保护和可持续发展作为旅游业发展的立足点，大力发展生态旅游，改变其以往发展中出现的一些不良倾向，加快推进传统旅游向生态旅游转型。为此建议：

（1）政府有关部门要以生态旅游的理念和"全面推动生态旅游"的精神为指导，对我国未来一个时期旅游业的发展做出全面规划和部署。

（2）有关部门要组织力量研究制定生态旅游评价指标体系、行业评估认证体系、资源保护与游客容量监控体系等，以规范生态旅游的发展，加强生态旅游的管理。

（3）将生态旅游纳入国家生态补偿范围，并制定鼓励生态旅游发展的财政金融政策（包括生产与消费两方面）。

（4）将具有良好生态资源的老少边贫地区作为发展生态旅游的重点地区予以扶持，助其尽快改变贫困落后面貌。

二、政治建设方面。通过深化改革，建立有利于发展方式转变、经济结构调整的体制、机制、法制，是政治建设的重要任务，也是生态旅游健康发展的必要环境。当前，政绩考核、法制建设和管理体制是这方面影响生态旅游健康发展的三个重要因素。为此建议：

（1）要把生态文明建设指标纳入地方政府政绩考核体系，改变一些地方政府以牺牲生态环境为代价过度开发生态资源的做法，强化其发展生态旅游的动力。

（2）鉴于目前与生态旅游有关的法规，如《环境保护法》《森林法》《草原法》《自然保护区条例》等，多比较宽泛，对生态旅游的针对性不强，因此建议在即将出台的《旅游法》中对生态旅游的相关方面（如生态旅游开发的环境影响评价、生态旅游区的审批与管理、生态旅游资源的保护等）做出明确规定，以使生态旅游的发展有法可依。

（3）建立由国家旅游局、环保部、住建部、水利部、国土资源部、国家林业局等部门组成的部际协调机制，就标准核定、资质认证、资源保护、景区管理、开发建设、信息共享等与生态旅游相关的问题制定统一规章，改变目前政出多门的现状。

三、文化建设方面。党的十七届六中全会提出要进一步推动文化建设与生态文明建设协调发展，要积极发展文化旅游，发挥旅游对文化消费的促进作用。这为生态旅游与文化建设紧密结合、协调发展指明了方向。建议：

（1）将生态旅游纳入文化建设的范畴予以支持。生态旅游不仅是一种经济活动，也是一种文化活动。它对于发展与传播生态文化，提高国民的生态文明素质具有重要意义。建议政府有关部门将生态旅游列入有关文化项目的安排之中，并享受相应的政策优惠。

（2）建议有关方面在生态旅游标准的制定中强化生态文化建设的要求，如在旅游景区建立各种展示人与自然关系的展览室、宣传牌，在旅游者中开展各种普及自然生态知识、增强生态文明理念的文化活动，改变当前仅仅把生态旅游作为观赏生态的旅游的模式，使生态旅游不仅是一种娱乐休闲活动，更是一种生态文明知识普及、生态文明理念教育的活动。

（3）大力促进生态文化旅游的发展。生态文化旅游是一种以生态理念为核心，依托自然旅游资源与文化旅游资源，集生态旅游与文化旅游于一体的综合性旅游形式，如少数民族地区生态文化旅游、"农家乐"等乡村生态文化旅游等。促进生态文化旅游发展，既有利于扩展生态旅游的范畴，也有利于保护与传承原生态民族文化遗产。

（4）加强生态旅游人才队伍的文化建设。当前我国旅游业从业人员生态文化素质和生态旅游专业知识与生态旅游发展的要求之间存在较大差距，这是制约我国生态旅游全面发展的一个重要因素。因此，要对现有旅游从业人员进行生态文化、生态旅游的专业培训，实行持证上岗。从长远看，要对生态旅游人才的教育和培养做出全面规划与安排。

四、社会建设方面。生态旅游与其他旅游形式的一个重要不同在于其社会参与度高。这主要表现在两个方面：一是它要求旅游地的居民能参与景区自然生态的开发、保护与利益分配；二是它要求旅游者对自然景观不仅是观赏而且要自觉地爱护与保护。因此，加强相关的社会建设对生态旅游的发展有重要意义。生态旅游的社会建设工作必须坚持以人为本，维护群众合法权益，促进社会和谐。为此建议：

（1）建立健全生态旅游地社区的参与机制。目前旅游地社区参与主要表现在住地居民出售旅游纪念品。原本属于当地社区资源的自然生态给旅游经营者带来了巨大收益，而当地居民却要承受生态环境改变的负面影响。因此应在生态旅游的开发、资源的利用和保护、利益分配等方面建立起社区参与机制，以为生态旅游的发展营造和谐的社会环境。

（2）建立健全旅游者生态保护的参与机制。例如对旅游者的宣传教育机制、对旅游行为的规范与处罚机制、对旅游者保护生态的鼓励机制等等。

（3）建立由政府、社区居民、旅游经营者、学术机构、旅游者代表、媒体、教育部门等相关方面广泛参与的机制，如可鼓励建立生态旅游发展研究促进会等社会组织，以协调各方面关系，形成合力，推动生态旅游更好更快发展。

（4）广泛开展各种形式的社会宣传教育活动，大力倡导生态旅游，提高全民的生态文明素质和水平。

五、生态文明建设方面。生态文明建设是党的十七大提出的一项战略任务。笔者认为，它既包括物质文明建设，也包括精神文明建设。生态旅游是生态文明建设的重要载体。作为旅游产业的一种类型，一方面，它无疑属于物质文明建设范畴；另一方面，它又具有生态文明教化功能，因此又具有精神文明建设的属性。生态旅游的这种特点决定了它在生态文明建设中的重要地位。抓好生态旅游，有助于从物质文明和精神文明两方面带动全社会生态文明建设。因此建议国家有关方面将生态旅游作为生态文明建设的一个重要推手，一个在全社会推进生态文明建设的切入口，使其在生态文明建设中发挥更大作用。

2012年

【会议发言】

高度重视失地农民长远生计保障问题

　　土地是农民的"命根子"。对大多数农民来说，失去土地就意味着失去了生产资料和生活保障。据国土资源部统计，每征一亩地，将造成1.4个失地农民，当前我国失地农民的总数已超过4000万人，而且每年还以200多万人的速度递增。这些失地农民由于受教育程度较低，劳动技能较弱，多数面临着"种粮无地、就业无岗、低保无份"等生计问题。一项地区调查显示：就业方面，18—25岁的失地农民中，无业者或找到不太满意工作者占到近九成；医保方面，超三分之一未办医保，办理者也多数表示不满意；养老保险方面，七成尚未参加，参加者中也有少数不满意的。超过半数的失地农民认为，与征地前比较生活水平出现了不同程度的下降。国家统计局对近3000家农户调查显示，耕地被征收前年人均纯收入平均为2765元，征收后下降了26元，而且土地征收后，大多数农民将增加三项生活支出：一是生活消费支出。土地被征收前，农民家庭食品消费如粮、菜主要依靠自产自食，现在基本上靠从市场购入。二是居住成本支出。征地往往伴随"旧村改造"或拆迁安置，征地补偿款一般仅够缴纳住房差价款和房屋装修费，不得不增加新房配套设施费用和物业费等等。三是培训费用等。如失地后农户为另谋生计不得不增加的培训费等等。这三项支出，使不少被征地农民生活负担有所加重。一些失地农民已成为贫困人口。据调查，在东部某省历年累计200余万失地乡村人口中，有30万人左右是失地贫困人口。中西部地区问题更为突出，西南某省20％的失地农户仅靠土地征用补偿金生活，25.6％的失地农户最急需解决的是吃饭问题，24.8％的失地农户的人均纯收入低于625元，处于绝对贫困状态。

造成以上问题的原因主要有以下几点：

（一）征地制度不完善，失地农民补偿标准偏低。按照现行的征地制度，农民的补偿原则是以"土地原用途"为依据，土地补偿费、安置补偿费以及地上附着物和青苗的补偿费，主要的前两项总和"不得超过"土地被征收前三年平均年产值的30倍。这一补偿办法忽视了两个问题：一是被征地多为城郊农村，而这些地区的农业多为包括生态农业、精品农业、休闲观光农业在内的现代都市农业，其土地的产出价值远高于普通的粮食、蔬菜价值。二是这一补偿办法忽视了土地的增值部分。我国大部分土地以拍卖的方式出让，拍卖价格基本都在百万元以上，而村集体拿到的补偿款一般为3万—5万元，农民拿到的，只1万元左右。

（二）社会保障制度不完善，失地农民长远生计和基本保障不落实。土地不仅是农民的谋生之本，而且是其生存的基本保障。在我国农村尚未建立起完善的社会保障体系的情况下，失去集就业、养老、最低生活保障功能于一体的土地，农民也就失去了基本生活保障。一次性的低标准的土地补偿费根本无法解决失地农民长远的生计问题，更无法解决他们的医疗、失业、养老等保障问题。一旦土地补偿费花完，他们将陷入窘迫境地。

（三）教育培训体系不完备，失地农民就业难。我国农民的受教育水平和文化水平较低，谋生技能缺乏，参与市场竞争的能力较弱。一下子离开了千百年来熟悉的土地，面对竞争激烈的市场经济，他们变得无所适从。因此，需要对他们进行必要的职业教育和就业培训，使他们拥有一种谋生的手段，能够找到一个适合自己的工作。近年来，政府在农民职业培训方面做了大量工作，但是由于农民自觉接受教育培训意识薄弱，居住分散无法就近获得培训，缺乏廉价甚至免费培训等原因，部分失地农民还是难以得到教育培训的机会，因而影响他们的就业。

在构建社会主义和谐社会中，切实解决失地农民的合法权益和长远生计、基本保障，事关改革发展稳定的大局。为此提出以下建议：

（一）建立合理的征地补偿和利益分享机制。首先，逐步提高土地征收补偿标准。征地补偿费用应能支付农民参加城区失业、医疗、养老社会保险及就业培训费用并有盈余。其次，建立土地出让增值利益分享机制。应允许集体经济组织代表农民参与土地出让金的形成过程，明确土地出让收益中农民应得的比例，使农民能分享部分所征土地的增值收益。再次，建立公开透明的土地征收征用制度，通过农民参与、公开查询、听证举报等制度最大限度地杜绝补偿标准过低和补偿款的挪用、克扣等现象的发生。最后，为集体经济组织保留部分财产，鼓励发展集体经济，为解决失地农民的就业和生活问题创造条件。

（二）建立医疗、养老社会保障机制。建议尽快把失地农民纳入城镇社会保障体系。其资金筹措应按国家、集体、个人及市场征地主体"四个一点"的思路解决。政府应规范明确各类征地主体，无论是进行何种用途的土地征收征用，均应在土地收益中留出一块作为农民失地后的社会保障资金；引导农民在土地补偿中拿出部分资金，购买基本医疗和养老保险；有条件的集体经济组织出资补贴一点；政府从经营土地收益中拿出一点。

（三）建立教育培训保障机制。一是应建立健全以职业技术教育为主的、多层面的县乡村三级农民职业技能培训网络体系；二是各级财政应拨出专款，建立农民职业技术培训专项资金，对失地农民开展免费培训；三是对农业结构调整后的农村富余人员和失地农民进行现代市场经济知识和转岗再就业技能培训；四是把失地农民的培训工作，纳入城镇下岗人员再就业培训体系。

（四）建立再就业创新机制。首先，引导和教育失地农民转变观念，提高自谋职业、竞争就业的自觉性。其次，鼓励和扶持失地农民自谋职业，自谋职业的失地农民应享受城镇下岗人员自谋职业的有关税费优惠政策，农村信用社也应发放小额贷款给予支持。再次，鼓励征用地单位和其他工商企业尽量消化失地农民，对吸收失地农民的企业，应享受安排城镇下岗人员的有关税费优惠政策。最后，建立以市、县两级劳动力市场为中心，以街道、乡镇劳动力管理服务站为网点的就业服务网络。

（五）建立集体经济组织的经营管理和收益分配机制。建议切实加强集体资产管理。首先，加快产权和股份制改革。建议按村集体资产的多少进行分类改革，加强对股份制改革后的集体资产的管理，集体资产主要投资于风险小、收入回报稳定的第三产业为主，其收入除用于发展再生产外，应主要用于社区公益事业建设和股民福利事业建设。其次，适时组建转型的社区合作经济组织。社区合作经济组织应接管原村集体资产并实行股份合作制改造，允许其成为法人实体，给予一定年限的过渡期，在过渡期内税收、信贷和工商登记等方面给予政策优惠，以稳定合作经济组织的收入来源，提高失地农民的生活保障。最后，完善社区合作经济组织的运作机制。明确社区合作经济组织的地位，制定规范的章程范本，使合作经济组织做到有法可依、有章可循。加快产权制度创新，允许股权内、外部自由转让，促进资产的社会化。

2008年

加大行政信息公开与监督力度

政府信息公开是落实公民知情权的重要体现，是推进社会主义民主政治建设、提高政府决策民主化和科学化水平的重要途径，是增进公民对政府信任、加强政府自身建设的客观需要，是提高政府工作透明度、建立反腐倡廉长效机制的迫切要求。

《政府信息公开条例》（以下简称《条例》）的颁布，曾引起公众很大反响和期望。然而《条例》实施以来，政府信息公开的状况却不太如人意。主要表现为：一是某些政府官员不是把信息公开作为自己应该履行的义务，而是把信息公开不公开当成自己的权力。二是普遍存在公民知道或容易知道的就公开，公民不知道或不容易知道的就不公开的现象。如很多政府网站仅仅公布一些法律法规；又如各级政府在人代会上的"财政预决算报告"都是基于大类科目上的粗线条预决算数据，而人大代表对政府财政行为进行有效监督的二三级科目数据并未公开。三是一些地方存在"过滤公开"或虚假公开的现象。如在一些"应急性事件"中，存在政府信息披露不及时甚至遮掩真相的情况。四是一些地方政府信息公开缺乏落实机制，接到公民信息公开申请后不知如何回复，往往让事情不了了之。五是《保密法》成了不公开信息的重要理由。有的地方保密文件泛滥，甚至连向先进人物学习的文件也要加密。

为落实《政府信息公开条例》，提出以下建议：

一是制定《政府信息公开条例》实施细则。明确将政府信息公开的重点放在与公众利益联系度高的民生问题（如就业、社保、医改、教育、住房等）和公众关注度高的政府行政成本问题（如公车使用、公款招待、公费考察等）上，并设立公开信息解释答疑机制，使该信息便于公众理解。

　　二是把现有的政府规章、行政法规上升为国家和地方的法律。综合现行的《保密法》《档案法》和《条例》的相关内容，制定统一的《信息公开法》。一方面，避免现行法律法规之间的冲突，在法律层面解决"公开"与"保密"的界限，落实"公开是原则，不公开为例外"的要求；另一方面，使之具有强制执行力，提高政府工作人员有关政府信息必须公开的法律意识，保障广大公众了解政府信息的知情权。

　　三是把信息公开纳入干部的绩效考核机制。制定可行的考核标准，强化干部的信息公开意识，明确对不公开、拖延公开、阻挠公开或虚假公开行为的处罚条款，使信息公开真正落到实处。

　　四是建立完善政府行政信息公开的监督体系。第一，人大监督。各级人大成立专门监督机构，对政府行政信息公开情况进行监督检查，并提出评估意见。第二，民主监督。政协、民主党派、人民团体、公众可以向政府相关部门就行政信息公开的有关问题提出要求或建议，政府相关部门应予答复。第三，媒体监督。媒体可就政府行政信息公开情况进行报道，提出询问与建议，政府有关部门应予说明与答复。

　　五是完善信息公开的司法救济制度。对于应该公开而不公开的行为，当事人有权提起诉讼；对于因拒绝公开而给公民造成损失的，当事人有权请求国家赔偿。

　　加强民主监督、扩大人民民主是促进社会广泛参与、建设和谐社会的重要条件。作为和谐社会建设主体的广大社会公众享有知情权，是其行使民主监督权利的重要前提。只有加大行政信息公开与监督力度，让全社会都能知晓政府作为并监督和评价政府，才能真正实践"为人民服务"的理念，才能真正将"人民当家做主"落到实处。

2010年

联名发言人：蔡耀军

【调研】

发展循环经济是克服资源环境瓶颈的必由之路

我国经济已进入人均GDP1000美元至3000美元的快速发展时期，但资源、环境瓶颈的制约形势却日趋严峻。就资源而言，我国人均占有量远低于世界平均水平：耕地为世界人均水平的42％，淡水为27％，森林为20％，煤、石油、天然气分别为56％、15％、10％；从环境来看，由于粗放型经济增长方式尚未根本转变，环境污染与生态恶化的趋势还未得到有效遏制，2003年，全国COD排放量超过容量66.7％，二氧化碳排放量超过容量79.9％，水土流失面积达356万平方公里。未来15年，随着人口增加、经济增长、消费转型和城市化进程的加快，我国资源环境安全将遭遇严峻挑战。据预测，到2020年我国石油需求量将达到4.5亿至6亿吨，而届时产能仅为1.8亿吨至2亿吨；人口将达到14.5亿至14.9亿，比合理人口承载能力多31倍；城市垃圾产生量将比2000年增长2倍。如何克服资源环境瓶颈，实现全面建设小康社会的宏伟目标？我们认为，落实科学发展观，发展循环经济，走新型工业化道路，是必然选择。

循环经济是一种以高效利用资源和保护环境为核心的新的经济增长模式。它改变了传统工业社会资源—生产—消费—废弃物排放的线性经济运行模式，运用生态学规律将经济活动组织成一个"资源—生产—消费—再生资源"的反馈式循环流程。它以减量化（Reduce）、再利用（Reuse）、再循环（Recycle）为操作原则，实现"低消耗、高利用、低排放"，使经济发展与资源利用、环境保护相协调。

循环经济目前在美国、日本、德国等发达国家方兴未艾，主要表现在以下三个层面：在企业层面，要求企业在生产过程中尽可能减少资源、能源的消耗和污染物的排放，最大限度地使生产过程中的"废弃物"达到循环利用或再生利用；在区域层面，按照生态工业的物流和技术链组织生产，使一些企业的原料，形成企业间的工业代谢和共生关系；在社会层面，推进消费的简量化和废弃物（包括普通生活垃圾及废旧家用电器、汽车等）的再利用、资源化、无害化处理，建立循环型社会。

在我国，党和国家十分重视发展循环经济。但总体来讲，我国循环经济的发展还处于初级阶段，还没有成为经济发展的指导理念和规划基础。这远不能适应资源环境的严峻形势和全面建设小康社会的紧迫要求。为此建议：

一、转变观念，提高认识，使发展循环经济真正成为全社会的共识和行动。发展循环经济不仅是环境保护方面的一场革命，而且是经济增长模式上的一场革命，还是人们生活与消费方式上的一场革命。它的发展涉及社会方方面面，需要得到政府的重视、企业的自律和公众的配合。因此，要在全社会大张旗鼓地开展各种形式的宣传教育活动，使全体公民特别是各级领导干部充分认识到发展循环经济的必要性和紧迫性，树立起资源环境的忧患意识，提高发展循环经济的自觉性。

二、树立新的经济发展观，切实转变经济增长方式。传统工业经济的生产观念是最大限度地开发利用自然资源，最大限度地创造财富，最大限度地获取利润。而循环经济的生产观念是要充分考虑自然生态系统的承载能力，尽可能地节约自然资源，不断提高自然资源的利用效率。这就要求我们改变高消耗、高污染、高排放和"先污染、后治理"的传统的粗放型经济增长模式，选择减少物质资源消耗和以无形的、边际效益递增的知识资源为主的生态经济发展模式；加强资源的综合利用、重复利用、循环利用和环境发展，实现经济增长与资源节约、环境保护相协调。

三、建立和完善循环经济的法律法规体系。发达国家的经验表明，用法律形式规范政府、企业、公众各自的责任、权利和义务，是发展循环经济的重要保证。要制订有利于循环经济发展的政策、法规，着手制订绿色消费、资源循环再生利用以及家用电器、建筑材料、包装物品等行业在资源回收利用方面的法律法规；建立健全各类废物回收制度；制订充分利用废物资源的经济政策。为此，建议制订《中华人民共和国循环经济促进法》，同时以其为母法，进一步完善《中华人民共和国固体废物污染防治法》《中华人民共和国清洁生产促进法》，制定《废旧家电回收条例》《容器包装分类收集再利用条例》等一系列子法，使循环经济法律法规形成一个完整体系。这些法律法规应贯彻以下原则：1.企业废弃物循环利用原则，即明确企业对其废弃物具有循环再利用的责任并提出具体的指标；2.生产者责任延伸原则，即生产者对其产品被最终消费后继续承担有关环境责任（例如家用电器制造商有回收其被废弃产品并对其进行再利用的义务）；3.废弃物处理付费原则，即消费者对需要遗弃的废弃物（包括垃圾、污水及大宗废弃物等）有交付一定处理（再利用）费用的义务。

四、加强调查研究，制定适合中国国情的循环经济发展规划。在发展循环经济方面，发达国家有很多经验值得我们借鉴，但我们毕竟有自己的国情。在结合国情发展循环经济方面，我们有不少课题值得研究。例如，在发展循环经济中，如何处理"减量化""再利用""再循环"原则与通过促进消费拉动经济的关系？又如，我国区域经济发展不平衡，东西部之间差距明显，发展循环经济如何因地制宜实施？等等。因此建议有关方面组织力量对此类问题进行深入调查研究，制定出适合我国国情的发展循环经济的战略目标、总体规划、产业规划、区域规划和各阶段分步实施的计划。既要克服因循守旧的观念，又要防止"一阵风""一刀切"。

五、深化改革，构建市场调节与政策支持相结合的循环经济发展机制。我国在循环经济试点中采取的基本是政府推动模式，但要在大范围内发展循环经济，单靠政府推动是不行的，必须构建市场化的运行机制。因此，要深化改革，调整价格体系，通过提高油、电、水等基础资源的价格和排污、垃圾（包括污水和大宗废弃物）处理的收费标准，形成充分体现资源、环境价值的价格机制，以使市场在发展循环经济中发挥资源配置的基础性作用，使按循环经济原则发展的企业能获得与其他企业同等甚至更高的收益。除此之外，还要制定税收减免、贴息贷款、政府采购等一系列优惠政策，鼓励企业积极投身其中，以政策和市场的合力推动循环经济更快发展。

六、加大与循环经济相关的科技研发力度，构建循环经济的科技支撑体系。国家要增加投入，对发展循环经济所需的重大关键技术组织力量进行攻关。一是分层次、分领域、分阶段建立循环经济的技术标准体系，引导企业按照相关技术标准设计产品和工艺流程，组织生产活动；二是借助现代高科技手段大力开发生态无害化技术、相关产业链接技术、废弃物资源化技术、闭路循环技术等，提高这些技术的可行性和经济合理性；三是进一步开发、完善清洁生产技术，推广节能、降耗、无害的新工艺、新技术，对已经成熟的适用技术要加大推广力度，实现经济活动的低消耗、高产出、低污染。

七、建立绿色国民经济核算体系和党政干部绿色考核制度。这是促进政府积极发展循环经济的有效保证。要把发展过程中的资源消耗、环境损害和环境效益、废弃物再利用率等指标纳入国民经济核算体系，作为干部政绩考核的重要依据。

八、倡导绿色消费，形成节约资源、保护环境的社会消费风尚。绿色消费是循环经济发展的内在动力。建议通过广泛宣传和制定优惠政策鼓励社会团体和个体消费者使用再生产品以及经过生态设计、环保认证、清洁生产审计的产品，鼓励企事业单位、社会公众节约使用和重复利用各种生产、生活物品和办公用品。

九、加强领导，为发展循环经济提供强有力的组织保证。发展循环经济是一项转变经济增长方式及生活与消费方式的大战略，它的有效实施需要众多政府部门及社会相关各方的通力协作与密切配合，因此必须加强组织领导。建议像抓信息化建设一样，国务院成立由主要领导同志担任组长、有关政府部门和社会有关方面参加的循环经济发展领导小组，统一领导此项工作；下设办公室，可放在发改委，负责协调与具体实施，以整合资源、提高效率、扎实推进循环经济的发展。

2004年

赴日循环经济考察报告

应日本知识事务研究所邀请，2004年10月20日至29日，以全国政协委员、九三学社中央参政议政部部长张化本为团长，由九三学社社员、国家林业局野生动物保护司副司长印红，九三学社社员、学苑出版社副总编辑徐扬，九三学社中央办公厅行政处副处长昝建军，九三学社中央组织部副处长但勇组成的循环经济考察团赴日本进行了为期10天的访问考察。此次考察是以学苑出版社的名义进行的。其间，考察团先后参访了日本国立环境研究所，东京都中央防波堤外侧埋立处分场、千叶县习志野市谷津干泻自然观察中心、名古屋市塑料制容器包装废弃物处理株式会社、大阪府关西废物再利用系统公司，对日本的环境保护研究现状与成果、濒海垃圾填埋、湿地及野生动物保护、包装废弃物处理、废旧家用电器回收再利用等进行了考察。日本知识事务研究所负责人仓岗英雄到住所看望了考察团一行。此次考察了解了日本发展循环经济和保护湿地的措施与做法，为我社在这些领域建言献策奠定了基础。

一、考察概况

1. 日本国立环境研究所：日本国立环境研究所是环境省直属独立行政法人，主要从事环境保护基础性研究。研究所的经费大部分靠财政拨款，2004年预算总额133.42亿日元中，75％来自环境省，25％向社会募集，研究所共有职员272人，全部纳入国家公务员系列，由理学、工学、农学、医学、药学、水产学、经济学、法学等各类专业人士构成，博士学位比例占90.4％。研究领域包括社会环境系统、化学环境、环境健康、大气圈环境、水土壤圈环境、生物圈环境等，重点研究项目有全球变暖研究、臭氧层变动研究、内分泌紊乱和二氧化致癌物研究、生物多样性研究、流域圈管理研究、都市大气污染研究等。目前，循环和废弃物研究实验室正着手进行建筑废料处理与回收、固性燃料再利用、有机废弃物回收技术的研究，全力开展把食品和家畜排泄物产生的乳酸菌变成饲料添加剂的课题攻关。

2. 中央防波堤外侧埋立处分场：中央防波堤外侧埋立处分场属于东京湾填海造陆工程的一部分。在这里，收集、搬运来的城市垃圾经过中间处理过程，金属等资源性垃圾被磁选回收再利用，废塑料破碎处理，其余可燃废弃物烧成颗粒，然后运往海面与黏土混合分层填埋。同时，处理城市垃圾产生的沼气通过管道有效利用。东京都环境局还在此处建立邻海风力发电所，发出的电销售给电力公司，供东京都所有的家庭使用。

3. 谷津干泻自然观察中心：谷津干泻自然观察中心实际上是沿东京湾海面的一块滩涂，占地面积42公顷。千叶县习志野市的环境当局为保护这块国有湿地，在这里兴建谷津干泻国家公园。仅1994年一年间，在公园栖息的野生鸟类就有约100种之多，现在常年能够观察到的也有60种左右。该中心共有13名工作人员，只有3名领取薪资，其他10名都是环保志愿者。多年来，谷津干泻自然观察中心为国民环境教育、野生动物保护、湿地保全国际交流与合作等各项事业做出了应有的贡献。

4. 名古屋塑料制容器包装废弃物处理株式会社：名古屋塑料制容器包装废弃物处理株式会社是依据1995年制定的《促进容器包装的分类收集及再商品化法》，由名古屋市政府牵头、银行贷款18亿日元组建的非赢利性的民间企业，负责处理名古屋市所有的塑料垃圾。2000年8月，名古屋市220万市民按政府规定正式将生活垃圾分类，每天有115吨塑料垃圾运到这里。经过搬入、破袋、选别等工序，一部分垃圾成为再生资源，一部分金属物质可作为钢铁厂的原料，最后将废塑料压缩捆包搬出，这样既能够回收资源，又大大节约了掩埋用地。市政府平均每年拨给该企业9亿日元垃圾处理费，消费者、产品生产厂、包装厂和原料厂也要负担相应的费用。全国3000多个市、町、村都建有这样的塑料垃圾处理分拣中心。

5. 关西废物再利用系统公司：日本1998年5月29日制定、2001年4月实施的《特定家用器械再生商品化法》规定，制造商有义务从消费者处回收所生产的家电废弃物品并将其进行再利用，同时有权向消费者收取废弃物再利用费，目的在于谋求废弃家电产品的资源再生并加以有效利用。1999年12月，夏普株式会社、三菱材料株式会社、三洋电机株式会社、索尼株式会社、日立株式会社、株式会社富士通通用、三菱电机株式会社联合出资成立关西废物再利用系统公司，2001年4月正式开业。公司业务范围即废弃家电（电视、冰箱、洗衣机、空调）的再商品化，业务区域为大阪府、京都府、奈良县、和歌山县。公司有职工150人，日处理能力3000台。我们参观了公司废弃家电处理车间，看到工人们先对废弃家电进行手工分解，把马达、铁、铜等有价物品拆出，对氟利昂制冷剂进行细心的回收，然后将以塑料为主的箱体送入粉碎机进行粉碎，通过磁力筛选、风力筛选、涡流筛选等程序筛出其中的铁、有色金属等，最后将混合塑料送到再生加工厂家加工成再生塑料，再返回家电厂家成为洗衣机水槽、电视机外壳、电冰箱托盘等的材料。日本法律规定，电视、冰箱、洗衣机、空调的废物再利用率分别是55%、50%、60%、50%，2003年日本所有厂家实际值分别是78%、63%、81%、65%，该公司实际值分别达到83.4%、64.2%、84.7%、62.0%，高于全国平均水平。各厂家设定的四种废弃家电的再商品化费大致为每台电视2700日元，电冰箱4600日元，洗衣机2400日元，空调3500日元，加上再生材料的销售收入，该公司已经处于赢利状态。

二、收获和体会

循环经济是一种以最有效利用资源和保护环境为基础的新的经济发展模式。它改变了传统工业社会"资源—生产—消费—废弃物排放"的线性经济运行模式，运用生态学规律将经济活动组织成一个"资源—生产—消费—再生资源"的反馈式流程，实现"低开采、高利用、低排放"，以最大限度地节约资源、保护环境，实现经济发展与资源利用、环境保护相协调。循环经济目前在美国、日本、德国等发达国家方兴未艾，主要表现在以下三个层面：在企业层面，要求企业在生产过程中尽可能减少资源、能源的消耗和污染物的排放，最大限度地使生产过程中的"废弃物"达到循环利用或再生利用；在区域层面，按照生态工业的物流和技术链组织生产，使一些企业生产过程中产生的"废料"成为另一些企业的原料，形成企业间的工业代谢和共生关系；在社会层面，从解决消费领域废弃物（包括普通生活垃圾及家用电器、废旧汽车等）的再利用和无害化处理入手，逐渐向生产领域延伸，实现生产、生活各个环节废弃物的再利用与无害化，建立循环型社会。日本的循环经济以社会层面比较突出，它以解决废弃物问题为起点，旨在改变整个社会经济的传统发展模式。通过考察，我们感到日本发展循环经济有以下几个特点值得借鉴：

1. 把解决资源环境问题提高到构建循环型社会的高度。日本是个国土面积小、资源贫乏的国家，人口密度比我国还大，90％以上人口集中在不足全国1/3的土地上。这决定了它的经济发展必然受到资源环境因素的制约。因此，日本在节约资源、保护环境方面采取了一系列措施，并取得了显著成效。例如其水资源利用率比我国高10多倍，二氧化硫排放量仅相当于我国的1／60。但是在解决了工业化过程中的资源、环境问题之后，日本发现由生产、消费产生的大量废弃物成为资源、环境方面的主要问题。经过深入反思，他们认为造成废弃物问题的根本原因是"大量生产、大量消费、大量废弃"的传统社会经济发展模式。为此，日本于2000年颁布了《推进形成循环型社会基本法》，以循环经济的理念为指导，将节约资源、保护环境的宗旨推进到整个社会，致力于形成资源消耗、环境负担最小化的社会，从而把解决资源、环境问题提升到一个更高的层次。这对于我们在实现全面建设小康社会的宏伟目标中解决资源环境问题具有一定的启发和借鉴意义。

2. 使节约资源、保护环境成为全社会的自觉行为。考察中我们感到，在日本，资源节约、环境保护不单是政府行为，还是企业和公众的行为。在考察中，我们感到了企业所具有的强烈的资源环境意识。例如关西废物再利用系统公司《企业行动章程》的第一条即是"采取重视环境的经营方针"，《企业行动准则》的第二条是"全力投入到地球环境保护中去"。日本非常重视对公众进行资源环境方面的教育和引导。我们所参观的企业都对社会公众特别是青少年开放，他们把向公众进行资源环境教育作为自己的社会责任。我们在东京防波堤外侧埋立处参观时就看到一批小学生到这里接受教育。政府重视引导公众减少并循环利用废弃物。以大阪为例，政府一是教育市民和单位尽量减少废弃物的产生（如防止过量包装等），要求市民和单位对购买的易耗品反复使用和多次使用，对生活耐用品如衣服、旧家电、家具等自己不用了可以送给别人，不要随意丢弃；二是奖励资源回收，例如对社区、学校等集体回收报纸、硬纸板、旧布等发给奖金。在全市设置80多处牛奶盒回收点并发给牛奶盒卡，盖满回收图章后可凭卡免费购买图书。市民回收100只铝罐或600个牛奶罐可付给100日元。我们感到，使节约资源、保护环境成为社会公众的自觉意识和行为，不仅为经济发展与资源、环境承载力相协调提供了坚实保证，更促进了社会文明程度的提高。这一点很值得我们借鉴。

3. 把立法作为推进形成循环型社会的保证。除《推进形成循环型社会基本法》外，日本还出台了两部综合性法律即《废物处理及清扫法》《促进资源有效利用法》和五部具体法规即《促进容器包装的分类收集及再商品化法》《特定家用器械再生商品化法》《建筑工程资材再资源化法》《促进食品循环资源再生利用法》《国家推进供应环境产品法》。这些法律对形成循环型社会中政府，企业和公众的行为都提出了原则要求和具体规定，例如规定"促进建立循环型社会基本规划应作为政府制定其他规划的基础"，规定家用电器制造商有回收废旧产品的义务并明确规定了再商品化率，等等。这些法律对明确各社会主体的责任，使其在推进形成循环型社会方面各负其责、协力共进，具有重要的意义和作用，值得我们借鉴。

4. 实行政策鼓励与市场化运营相结合的循环经济发展模式。日本把废弃物再利用作为产业来办，实行市场化运营。废弃物处理、再利用机构以消费者上交的处理费用和销售再利用材料的收入进行企业化经营，政府则通过税收优惠予以鼓励。例如对废塑料制品类再生处理设备在使用年限内，除了普通退税外，还按价格的14%实行特别退税。对废纸脱墨处理装置、处理玻璃碎片用的夹杂物除去装置、铝再生制造设备、空瓶洗净装置等，除实行特别退税外，还可退3年固定资产税。这些优惠政策极大促进了废弃物再利用企业的发展。目前，资源循环利用在日本已成为环保方面新的朝阳产业。据1997年日本通产省产业结构协会提出的《循环型经济构想》，到2010年，发展循环经济将使日本新的环境保护产业创造近37万亿日元产值，提供1400万个就业机会。日本政府为促进全社会节约资源、减少污染，广泛征收商品消费税，例如机动车燃油税率高达100%。政府运用这笔专项税款投资于节约资源、保护环境的社会公益事业。

三、参政议政选题建议

我国人均资源占有量远远低于世界平均水平，又面临人口增加、经济增长、消费转型、城市化进程加快的巨大压力，加上生态破坏、环境污染的累积效应以及全球性资源环境状况持续恶化的影响，未来15年整个国家的资源、环境安全将遭遇严峻挑战。要实现全面建设小康社会的宏伟目标，必须贯彻以人为本、全面协调可持续的科学发展观，走新型工业化道路。从国情出发，借鉴日本等发达国家的经验，大力发展循环经济，是克服资源，环境瓶颈制约，走新型工业化和可持续发展之路的必然选择。

党和国家十分重视发展循环经济。胡锦涛总书记在全国人口资源环境工作座谈会的讲话中对发展循环经济提出了明确要求。近年来，国家环保总局积极推动循环经济发展，先后建立了广西贵港等6个国家生态工业示范园区，并在辽宁省和贵阳市进行循环经济试点工作。但总体来讲，我国循环经济的发展还远不能适应资源环境的严峻形势和全面建设小康社会的要求。这突出表现在以下几个方面：一是发展循环经济的重要性和紧迫性尚未被全社会特别是各级领导干部充分认识，更没有成为全民的共识与行动；二是发展循环经济还只是停留在环境保护层面，还没有成为产业结构调整、区域经济发展的指导思想，没有成为编制国民经济与社会发展规划的指导思想；三是发展循环经济所需要的法律法规体系、政策支持体系和激励约束机制尚未形成；四是发展循环经济所需要的科技支撑还有待于大力加强。

我社是以科技界高中级人士为主的参政党，一直把科教兴国战略和可持续发展战略作为参政议政的重点领域。为此我们建议把"加快发展循环经济"作为社中央参政议政的重点课题，在本次赴日考察的基础上，组织力量深入调查研究，以期向党和国家提出建议。

（九三学社中央循环经济赴日考察团，2004年11月7日）

解决粮食主产区的"四难"问题

前不久，笔者到河南、湖南等地调研，深感在中央两个一号文件精神的指导下，我国粮食主产区粮食增产、农民增收形势喜人。今年上半年全国夏粮增产512万吨，其中13个粮食主产省占91％。但是我们也看到一些制约粮食主产区经济发展、农民增收的问题。主要有四难：第一，粮食增产难。由于农田水利基础设施年久失修，带病运行，使粮食生产能力受到严重影响；农技推广体系"网破、线断、人散"的现状又使依靠科技提高产量受到制约。因此粮食持续增产难度较大。第二，粮农致富难。首先是种粮比较效益低，粮食与棉花效益比为1：5，与蔬菜效益比为1：4，即使国家实行了"三补一免"，粮食效益与经济作物相比仍然比较低；其次是种粮成本不断升高，主要表现在农资涨价，6月份全国化肥主要品种同比涨幅已接近20％；再次是劳动生产率低，由于人多地少和小规模经营，我国农民劳动生产率远低于世界发达国家。第三，财政增收难。由于经济结构单一，税源少，粮食大县往往是工业弱县、财政穷县，如河南豫东区11县人均财政收入不仅低于全省平均水平，甚至低于44个扶贫开发重点县平均水平。免征农业税后使这些粮食大县的财政状况更为窘迫。第四，经济增长难。调查显示，1997—2002年，13个粮食主产区有9个省区人均国内生产总值低于全国平均水平。安徽、江西两省比全国低40％。

粮食作为基础商品和战略物资，关系国家经济稳定与安全。粮食主产区承担了国家粮食安全的重任，支持了粮食销区特别是沿海地区经济的腾飞，而自身与发达地区的差距却日益拉大。这显然不公平。因此，采取强有力措施促进粮食主产区经济发展、农民增收，不仅关乎国家粮食安全，而且关乎社会公平与和谐，关乎实现全面建设小康社会的宏伟目标。为此，提出以下建议：

第一，建立稳定完善的粮食补贴机制。近年国家实行的粮食直补、良种补贴、农机具补贴及最低收购价等政策无疑使农民获得了实惠，但也存在着支持范围过窄，补偿额度过低，补贴机制不完善等问题。例如，直补只10元左右，对调动农民种粮积极性力度有限；最低收购价仅限于水稻，范围过窄，应把小麦、玉米等粮食品种也包括在内，等等。因此建议对现行的补贴政策进行研究修改使之更为完善。另外，建议增加化肥、柴油等农资补贴项目，将对农资生产、流通环节的补贴直补给农民。建议在不断完善的基础上适时出台《粮食补贴条例》等相关法规，使粮食补贴政策制度化、法律化，让粮农吃上"定心丸"。

第二，建立对粮食主产区的补偿机制。粮食安全说到底是销区的安全，但保障的责任和资金都要由产区来承担，这显然有失公平。因此建议：一是逐步降低粮食主产区粮食风险资金的额度，改为主要由中央和销区政府承担；二是建立粮食主产区与销区间的利益协调机制，如可考虑从粮食销区根据其粮食调入量收取一定的补偿金，支持主产区的粮食生产；三是中央的各项支农资金要向粮食主产区倾斜，向能够促进粮食增产和粮农增收的项目倾斜。第三，加强粮食主产区农田水利基本建设。我国现有灌溉骨干工程损坏率近40%，斗农渠以下配套率低，灌溉利用系数只有0.45。另外，我国耕地质量下降严重，土壤有机质含量锐减，氮、磷、钾三营养元素含量偏低的耕地分别占54.94%、81.55%和47.12%。因此建议国家大幅度增加粮食主产区农田水利基本建设投入，大力实施"节水灌溉工程"和"沃土工程"，以提高粮食生产能力。对于小型农田水利设施建设，适应农村税费改革"两工"取消后的新形势，建议通过政府补助资金引导农民投资、投工、投劳，按照"谁投资、谁受益、谁所有"的原则推进农田水利设施产权制度改革，逐步形成农田水利建设良性发展的长效机制。第四，采取措施提高粮食生产者抵御自然风险与市场风险的能力。一是建议国家建立粮食自然灾害补贴制度，探索建立农业保险，最大限度地减少粮农因自然灾害造成的损失；二是更充分发挥农产品期货市场价格信号导向作用和价格波动风险分散转移作用，通过期货市场引导农民产销、发展订单农业、调整产业结构、促进农民增收，实现小生产与大市场的对接；三是大力发展农民专业合作组织和粮食产业化经营，提高粮食生产的组织化、规模化程度；四是鼓励产区销区粮食企业以资金为纽带建立跨区域大型股份制粮食企业，通过互建基地、联办市场、订单农业等形式，构建新型的稳定的产销合作机制。第五，在粮食主产区优先实行"工业反哺农业、城市支持农村"的方针。建议国家根据各粮食主产区自身的特点和优势，积极引导和支持其稳步推进工业化、城市化进程，以增强其工业反哺农业、城市支持农村的能力。特别要大力扶持粮食主产区发展农副产品加工业，延长农业产业链，提高产品附加值，转移富余劳动力。河南省漯河市实施"围绕农业抓工业，抓好工业促农业"战略，值得借鉴。我们考察的大型肉食加工企业双汇集团，年产值160亿元，不仅为5万人提供了就业岗位，还带动了一大批种养业农户实行产业化经营。目前发达国家农业总产值与农产品加工业总产值比为1∶4，而我国只有1∶0.7，发展空间十分广阔。第六，大力支持粮食主产区农村科技、教育及各项社会事业的发展。一是将粮区的农技推广体系精简整编纳入国家财政保障范围，粮食的农技推广项目由国家提供资金支持；二是在粮食主产区大力发展农民职业教育和农村劳动力转移培训，提高粮区富余劳动力的转移速度和粮农的劳动生产率；三是优先在粮食主产区实施"新农村建设工程"，对其道路交通、生活环境、义务教育、医药卫生等社会事业给予更大政策优惠和资金支持，为粮食主产区农村构建和谐社会创造良好的物质条件。

2005年

能力、动力与环境

——关于促进企业成为技术创新主体的若干建议

《国家中长期科技发展规划纲要》提出，要使企业成为技术创新的主体。笔者近期对此作了一些调研，深感我国企业距离这一要求还有相当距离。为此提出以下建议：

一、提高企业自主技术创新的能力。企业要成为技术创新的主体，首先要具有自主技术创新的能力。但现阶段我国企业自主技术创新的能力还比较薄弱，这主要表现在两个方面。一是研发投入严重不足。目前我国国有大中型工业企业研发经费支出占销售收入的比例总体不到1%，而发达国家企业一般为5%左右。二是研发力量薄弱。我国2.8万多家大中型企业拥有研发机构的只占25%，75%的企业没有专职人员从事研发活动。因此建议国家采取措施促进企业自主技术创新能力的提升。

一是增加用于促进企业自主技术创新的投入。有观点认为，实行市场经济特别是加入WTO后，政府就不应对企业技术创新给予经费支持。据统计，我国政府对企业的科技投入自2000年以后大幅下降，在全国大中型工业企业科技经费中所占比重由以前的7%下降到2003年的3.2%。相比之下，美国20世纪50年代同一数据一直在50%以上，2003年仍高达11.1%。目前国家财政科技投入主要集中在大学和科研机构，用于支持企业的仅占10%，而发达国家一般在30%以上。笔者认为，我国企业正处于自主创新的起始阶段，政府应该给予大力支持。当然这种支持不应是像计划经济时那样把资金划拨到企业，而应是按市场经济的法则引导资源合理配置。如可通过支持企业作为技术创新主体参与中央和地方的科技计划来增加其研发投入、提高其创新能力；通过支持竞争前研究和共性技术平台建设提高行业的技术水平；通过设置专项引导资金鼓励社会兴办各种风险投资公司、中小企业贷款担保公司等，以解决科技型中小企业研发的资金瓶颈问题。

二是促进企业壮大研发力量。人才短缺特别是高层次人才匮乏是目前制约企业自主技术创新的瓶颈。建议：1.通过项目引导、政策优惠措施鼓励优秀人才流向企业，鼓励大学和科研院所的教授专家挂职去企业工作；2.把目前给予国有高新技术企业的股权激励政策扩大到所有国有企业，并适当降低门槛，以建立对科技人才的中长期激励机制；3.通过项目依托、财政贴息、税收减免等政策优惠鼓励和引导科研机构、高等院校与企业联合建立研发机构，包括与有条件的大型企业建立工程类国家重点实验室和工程中心，提升产学研结合的层次，强化企业在产学研结合中的主体地位。

二、强化企业自主技术创新的动力。企业自主技术创新有赖于能力，也需要动力。《国家中长期科技发展规划纲要》配套政策对调动企业自主技术创新的积极性具有重要意义，建议增加以下内容以使之更加完善。1.制定自主创新产品的税收优惠政策。自主技术创新比之引进技术、仿制产品投资大、周期长、风险高，但销售与纳税却一样，因此一些企业积极性不高。建议国家制定"自主创新产品认证条例"，并据此给自主创新产品所得税减免和出口退税政策；反之，对于引进国内已有设备的则应增加税收。2.扩大政府采购范围，将国家重大建设项目和国有企业采购重大设备、产品也纳入其中，以鼓励自主创新。3.改革国有企业绩效考核指标体系，除了国有资产保值增值，还应把企业研发投入、专利成果、研发机构建设、长期技术储备等反映企业自主技术创新能力的指标作为考核的基本内容，以增强国企领导人自主技术创新的动力。

三、营造有利于企业自主技术创新的社会环境。1.加大知识产权保护力度。目前企业特别是国企反映的一个比较突出的问题是技术成果随着技术骨干的流动而流失，给企业造成重大损失；但因取证难、地方保护等原因很难通过司法途径得到有效解决。建议有关部门认真研究解决办法，如能否采取异地审理、设立知识产权法院等措施，以提高此类案件审理的公正性与专业性。同时建议有关方面在对《专利法》修改的同时，尽快启动《商业秘密法》的制定。2.实行公平的税赋政策。目前给外资企业的税收优惠政策使同行业的本国企业处于竞争劣势，不利于本国企业的自主创新；而针对高新技术开发区和经济技术开发区的税收优惠政策，对区外企业自主创新的积极性有一定负面效应。建议实行内外资企业统一税率，对内资企业则不看其是否在园区内而只看其产品是否符合自主创新标准而给予税收优惠。3.完善自主创新的金融支持环境。加快研究建立风险投资的退出机制，制定《风险投资基金法》，适时推出创业版；在试点的基础上，积极推进未上市高新技术企业进入证券公司代办系统进行股权转让工作；通过设立政府引导基金大力推动建立科技创新金融担保机制、科技成果转让保险机制等。4.建立引进技术消化吸收再创新的社会协调机制。目前技术设备的引进是由项目业主运作的，而对引进技术设备的消化吸收再创新则应是由制造企业完成的。但在实际的引进过程中二者并无联系，因而使消化吸收再创新受到影响。建议建立由有关政府部门、行业协会、设备引进企业和设备制造企业等有关各方面组成的协调机制，加强对引进技术设备的论证和审核，促进对其消化吸收再创新。

2006年

关于参政议政工作的几点认识

一、参政议政工作的重要性

民主党派是政党，要参加国家政治生活。民主党派是参政党，在多党合作的政治格局中，我们参加国家政治生活的最主要形式就是参政议政，为执政党科学决策提供有价值的意见建议。这是我们作为参政党的基本职能。民主监督也是民主党派应该履行的基本职能。但民主监督常常是通过参政议政形式实现的。民主监督就是提意见、作批评。我们在去年的政协大会上，通过大会发言和提案对科技奖励制度、高校行政化等问题提出意见，在社会上引起了很大的反响，这就是民主监督。又比如近两年来，我们在政协大会上提出的《建设节约型政府刻不容缓》《关于加快我国行政垄断行业管理体制改革的建议》《关于建立政府卫生投入督查、公示、问责制度的建议》等提案，通过信息渠道反映的《建议建立行政成本信息公开与监督机制》等，都属于民主监督的内容，都是通过参政议政形式进行的。

再从参政议政与自身建设关系看，我感觉参政议政做好了，对自身建设也有促进作用。我们的参政议政工作，就是要动员广大成员通过社中央课题招标、提案征集、信息报送等渠道、机制进行有序政治参与，将他们的政治热情和才能表达出来，凝聚起来，再通过"直通车"建议、政协发言提案、信息等形式反映上去。当一些事关改革与发展的意见建议被采纳成为国家意志和决策之后，他们会有一种为国家发展做出贡献的政治成就感；当一些维护成员合法权益、反映成员合理诉求的意见建议被采纳并付诸实施，他们会感到中国共产党领导的多党合作和政治协商这一基本政治制度和民主形式是能够反映和协调社会群体利益和诉求的。这样，就可以增强成员对社会主义民主政治优越性的认识，进一步提高走中国特色社会主义政治发展道路的自觉性。在这方面举一个例子。我们有不少成员曾给韩启德主席写信反映企业退休科技人员养老金过低问题，韩主席很重视，跑了几个省，深入调研这个问题。在调研的基础上他两次以"直通车"的形式给温家宝总理写信，就此问题提出建议。温总理很重视并批示政府有关部门拿出方案予以解决。现在我们看到，国家连续六年提高企业退休人员的养老金，并向科技人员倾斜。在这个过程中，我们常收到社内甚至社外企业退休科技人员来信，信中反映他们的问题通过这个渠道得到解决，感谢党，感谢国家，感谢九三学社。字里行间使人感到他们对多党合作和社会主义民主有了更深切的体会，有了更深刻的认同感。所以我感到，做好参政议政工作有利于促进自身建设。

二、参政议政的重点内容

我们参政议政参什么，议什么？我觉得就是常说的那八个字："围绕中心、服务大局。"围绕执政党的中心工作，服务于执政党的工作大局。现阶段这个中心和大局是什么？就是科学发展。科学发展是我们九三学社履行参政议政职能的核心主题。围绕科学发展参政议政，具体在哪些方面着力呢？就目前而言，就是中共中央全会和中央经济工作会议的精神。每年第四季度，社中央都会向全社征集来年政协大会的发言提案，我们所依据的就是中共中央全会和中央经济工作会议的精神，我们要遴选和这些精神相适应的大会发言提案。我们希望地方组织认真学习中共中央全会和中央经济工作会议精神，围绕其中的一些重要问题通过调研形成提案，上报社中央。从今年来讲，我们的参政议政要深入贯彻落实科学发展观，落实中央经济工作会议精神，强化九三学社科技特色，重点围绕以下问题展开：一是研究如何加快经济发展方式转变和经济结构调整，实现经济平稳较快发展，这是中央经济工作会议的主题；二是研究"十二五"规划编制中的重大问题，并在总结"十一五"规划制定执行的情况和基础上，就完善"十二五"规划制定的体制机制、充实"十二五"规划的内容提出相关建议，促进决策的科学化、民主化；三是深化科技发展与自主创新课题研究，重点抓好科技宏观管理、科研机构改革、自主创新环境等方面的调研；四是继续抓好发展低碳经济和应对气候变化这一长期课题，特别是要在解决体制机制障碍上下功夫；五是围绕调整国民收入分配结构开展调研，重点关注扩大就业、住房保障、增加居民收入、提高社保水平等民生问题；六是深化"三农"问题，特别要关注城乡统筹中的一些关键性问题，如农业人口转移与小城镇发展、农产品深加工与农业产业化等等；七是研究培育我国战略性新兴产业的思路，特别要发挥九三学社科技优势，在发展战略性高技术产业、为战略性新兴产业提供科技支撑、以技术改造推动传统产业优化升级上建言献策；八是研究制约我国可持续发展的资源瓶颈问题，提出解决我国水资源、能源、矿产资源、土地资源等基础资源短缺的对策建议。今年的工作基本上围绕这些主题展开，希望省级组织就这些选题组织调研形成成果，积极向社中央上报。

三、参政议政的质量要求

参政议政要提高质量。什么样的参政议政成果是高质量的成果？我觉得主要应具备四性：

一是战略性。以党派组织名义提出参政议政建议，不同于一般社会组织，更不同于个人。要立足于国家经济社会发展的大局，思考和解决具有长远影响的战略问题。比如社中央去年提出的《关于发展低碳经济的建议》，就是战略性问题。该选题为社中央大调研课题，韩主席在调研基础上向胡锦涛总书记和温家宝总理提出了《关于我国经济低碳发展的建议》，受到了胡锦涛总书记和温家宝总理的重视和批示。有同志提出，中央层面要强调战略性问题，地方层面是不是也要提出战略性问题？我认为，地方有地方的战略问题，中央有中央的战略问题，两者结合得好，能起到相互促进的作用。如辽宁五点一线发展问题是辽宁省经济社会发展的战略性问题。社辽宁省委十分重视，围绕该问题进行调研，形成了《关于将辽宁沿海经济带纳入国家发展战略的提案》，报送社中央。社中央进行了研究，将此提案作为九三中央名义提案提出。该提案后入选全国政协《重要提案摘报》报送中共中央办公厅和国务院办公厅，其后韩主席亲自带队赴辽宁进行调研，并在此基础上向胡锦涛总书记和温家宝总理报送了"直通车"建议。建议受到重视，胡锦涛总书记、温家宝总理、李克强副总理都做了批示。随后，中央制定了《辽宁沿海经济带发展规划》，辽宁沿海作为整体开发区域被纳入国家战略。这就是中央与地方结合，共同推动的具有战略性的参政议政选题。

二是前瞻性。作为民主党派，我们的位置比较超脱。因为超脱，我们可以摆脱一些眼前事务，站得高一些，看得远一些。因此我们的参政议政不仅要关注当前工作，还要有一种预见性和前瞻性。比如2008年，海峡两岸形势发生了积极变化，当时陈抗甫副主席就敏锐感觉到这种变化将对两岸关系发展产生重要影响，于是确定了关于加强海峡两岸交流与合作的选题，率队赴福建进行调研。在此基础上，在全国政协十一届二次会议上社中央提交了《关于推进海西建设，促进两岸交流合作的提案》。该提案被全国政协列为重点提案举办协商办理会，国家发改委对该提案给予高度评价。2009年5月初，国务院通过了《国务院关于支持福建省加快建设海峡西岸经济区的若干意见》。我们的提案提前一年选题，推动了这项工作。又比如2007年九三学社黑龙江省委向社中央提供的《关于加强中国特色养老保障体系建设的提案》，作为社组织名义提案提出后，不仅入选全国政协专题协商办理会，也入选《重要提案摘报》报送"中办""国办"，在办理中得到有关方面的高度评价。我们知道，人口老龄化问题在可预见的未来将越来越突出，此提案结合国情提出养老保障体系建设，是一件有前瞻性的提案。在此我想说一下，社中央的课题招标与提案征集有所不同，从每年5月面向省级组织招标到年底上报课题成果，再到被用于第二年政协大会，要经历多半年的时间，因此我们在选题上就更要注重前瞻性。

三是针对性。高质量的建议固然要有战略眼光、宏观思维，但又不能太泛。空泛地讲一堆大道理、大原则没任何意义。我们要从宏观的高度思考，但提出的问题要集中、典型、有代表性，建议要明确，有针对性。

四是可行性。我们所提建议要符合实际，要具有可操作性，能够付诸实施。如社吉林省委2008年向社中央提供的《关于加强我国农田水利基础设施建设，保障粮食生产安全的提案》，提出了我国在农田水利基础设施建设方面存在的五个突出问题，并针对这些问题给出了五项建议，十七项具体对策，每一项都切实而可行，显然是经过认真调研和思考的成果。该提案在全国政协十一届一次会议上作为社中央名义提案提交，随后入选全国政协《重要提案摘报》报送中办国办。

四、如何提高参政议政质量

一是抓好选题。选题很重要，选题抓好可以起到事半功倍的效果。选题方面我们既要重视热点问题也要重视冷点问题。所谓热点问题就是对经济社会发展影响大、矛盾突出、社会关注度高的问题，比如医改问题、房地产问题、收入分配问题等等。我们在对省级组织上报提案进行遴选时也很重视这方面问题。但是这些选题要取得高质量成果也比较难。一方面，因为这些课题本身错综复杂，涉及很多深层次问题，解决起来难度较高；另一方面，这些热点问题大家都在关注研究，我们想要超越那些专门研究这些问题的政府部门和研究机构，需要下很大的力气，需要长期深入的调研。我们常收到一些选题很好的提案，但是内容多是从各方面拼凑的人所共知的东西，缺乏新意，难以采用。所以，热点问题大多选题容易做题难。还有一类选题我们也比较注意，就是冷点问题，主要是一些尚未引起重视，但对经济社会发展有着很重要意义的问题。如社黑龙江省委2007年提供，社中央在全国政协十一届一次会议上提出的《加大对结核病防治工作力度的几点建议》就属此类。该提案得到了提案承办单位的高度评价。又如辽宁省委提供、社中央在全国政协十一届一次会议上提交的《对我国慈善事业健康发展的几点建议》。慈善事业作为国民收入三次分配的主要组成部分，其选题很少有人关注，却具有重要的现实意义。该提案入选全国政协《重要提案摘报》。冷点问题的特点就是做题容易选题难，它要求我们有一双慧眼，能从众多看似平常的题目中洞察出其价值，要求我们有广博的知识面和对宏观问题的把握能力。

二是凝聚焦点。这是韩主席多次提出的选题方法。重点热点问题大家都在研究，我们怎么能提出不同于别人、更有价值的建议呢？这就要凝聚焦点，在选择切入点、创新立意上下功夫。例如旅游业，大家都知道它是"无烟工业"，对启动消费、调整经济结构、促进经济发展具有重要意义，但是很难提出有新意的建议。去年陈主席提出并率队就生态旅游课题进行调研，就是在凝聚焦点上下功夫，选择了一个促进旅游业发展的好切入点。它的新意在于，我国旅游业即将迎来发展的高峰，要吸取第二产业发展"先污染再治理"的教训，从起点上就关注生态保护。它对于生态文明建设、对于旅游业的可持续发展都具有重要意义。

三是加强基础研究。韩主席多次强调参政议政工作要加强基础研究。我们的参政议政不能依靠一时的灵感，平时就应该抓住一些问题长期深入调研。前几天我在社中央部门总结会上，就要求每一位同志对于各自分管的领域，必须要有资料的储备，要梳理出各种问题，能够评价地方上报成果的价值。同时，每个人也要掌握一支专委会专家队伍，请他们平时也对所关注的问题进行储备和研究。我们的专委会，参政议政的专家团队，每个人都有自己的专业。我们要动员他们结合自己的专业就参政议政相关问题进行长期研究，这样形成的参政议政成果往往具有较高的质量。比如大连市副主委夏春光，他在大连市信访局长期担任领导职务，分管信访工作。他在平日的工作中，注意从参政议政的角度对各种社会矛盾进行认真分析研究，经过长期的研究积累，他在大连市政协会议上提交了《关于创新矛盾化解机制，构建"大调解"工作网络的提案》，被列为市政协领导督办的重点提案，随后这一成果又以中标课题形式被社中央选用。此成果作为社中央大会发言和提案提交全国政协，受到贾庆林主席的重视和批示，国家信访局为此致信九三学社中央，对该大会发言和提案给予高度评价并表示感谢。

四是广泛深入调研。我认为，参政议政调研应分三个环节：一是以知情和确定选题为目的的预调研；二是以深入实际取得第一手资料为目的的正调研；三是以深化主题、进一步论证为目的的再调研。三个环节都做好了，参政议政材料就建立在坚实的调研基础之上。地方上报的参政议政材料入围后，我们大多要做再调研，咨询有关专家，甚至走访部委、召开座谈会。

五是改变文风。这个问题韩主席也已强调多次。参政议政调研成果的最后表现形式是要写成参政议政的文章。现在我们接到地方上报的材料在写作方面存在的问题主要有三：一是"空"，文章实际内容很少，原则性文字太多；二是"繁"，动辄五六千字，就一些人所共知的问题烦琐论证，其中的亮点往往被淹没了，看起来很吃力；三是学术化、论文化，专家撰写文稿，不可避免会有专业化、论文化倾向，但我们作为参政议政工作干部，要把这些有参政议政价值的文稿修改好，要在这方面加强对我们参政议政骨干的培训，使他们掌握参政议政文稿的写法。

2010年

（此文系张化本在九三学社东北三省参政议政工作联席会上的讲话）

应尽快完善科技特派员制度

科技特派员制度提高了农村社会分工的专业化水平和农民的组织化程度，促进了科技人才、科技成果、管理、土地、资金等生产要素在农村的有机结合与合理流动。农村基层科技力量不足与科技服务"缺位"，是当前制约我国农村生产力发展的最突出的矛盾。我国现有的农业技术推广体系网破、线断、人散的状况近年虽有一定好转，但其运行状况依然很差，不能适应科技兴农的要求。为此，科技特派员制度应运而生。

所谓科技特派员，是指经地方党委和政府按照一定程序选派，围绕解决"三农"问题和农民看病难问题，按照市场需求和农民实际需要，从事科技成果转化、优势特色产业开发、农业科技园区和产业化基地建设以及医疗卫生服务的专业技术人员。

科技特派员制度以满足农村科技需求为根本出发点，通过利益共享与风险共担、市场主导与政府引导相结合的途径，引导大批科技素质较高的人才到农村充当催化传统农业与现代经济接轨的特派员，在科技与农民之间建立起直接联系的机制与平台，形成自下而上的农村科技服务体系，同时由于科技服务与创业业绩和利益报酬挂钩，也增强了科技特派员科技服务的竞争意识和积极性、主动性。该制度是有效解决"三农"问题的生产方式、经营方式、管理方式、组织方式的创新型变革，它提高了农村社会分工的专业化水平和农民的组织化程度，促进了科技人才、科技成果、管理、土地、资金等生产要素在农村的有机结合和合理流动。

自1998年福建南平开创科技特派员制度以来，科技特派员制度很快由星星之火，形成燎原之势，给我国农村科技工作带来了新气象。目前，科技特派员制度已由试点转入专项工作。在已试点或推广的30个省中，有科技特派员试点县（市、区、旗）1039个、科技特派员44775名。科技特派员创办农村专业技术协会、农民专业合作社等14563个，引进农林动植物新品种1.67万个，推广先进适用技术1.41万项，实施科技开发项目1.1万项，实现利润48.4亿元。科技特派员制度吸引和鼓励越来越多的科技人员深入农村、扎根基层，得到了农民群众的普遍欢迎。

虽然科技特派员制度已经由试点阶段转入全面、系统、深入在全国广泛开展的农村科技专项工作，但由于受旧的体制、观念、思维的束缚，科技特派员制度的优势并未完全发挥出来，今后的发展也还受到宏观政策条件的制约。

资金投入不足，保障条件有待加强。目前科技特派员基层科技服务和创业的主动性、能动性、持续性缺乏必要的经费支持，从科技特派员工作的整体部署上尚未建立财政专项经费。特别是基层财政力量薄弱，尤其是县、乡一级财政入不敷出，无法提供充足的资金支持科技特派员工作的开展。在项目资金和工作经费严重不足的制约下，部分科技特派员的通信、交通、出差等必要的补助难以落实；科技特派员接受培训、参加交流学习活动机会较少，知识更新不足。这不仅挫伤了科技特派员开展工作的积极性，也限制了科技特派员工作创造性的发挥，更不利于科技特派员长期、深入开展工作。

金融政策不到位，科技特派员创业缺乏融资渠道。科技特派员制度之所以不同于传统的农业技术推广，就在于通过科技特派员与农民共同建立利益共同体，在农民增收的前提下，实现农民、科技人员、政府的共赢。目前由科技特派员创办的各类农村专业合作社、协会、公司等数量越来越多、规模越来越大。完全靠科技特派员、农民或政府财政的资金投入难以持续发展，迫切需要靠市场机制主导与政府引导辅助相结合的机制解决科技特派员制度的投融资问题。缺乏科技特派员创业基金、风险与担保基金以及科技特派员贷款难等问题已经成为科技特派员长期扎根农村基层科技服务与科技创业的障碍。

人事政策不完善，激励机制有待完善：科技特派员制度从根本上解决了农业科技人员脱离农村实际、下不去、人浮于事的问题。然而，科技特派员来源广泛、涉及部门多的特点，又给科技特派员制度管理工作带来了新的挑战。科技特派员的工资、福利、奖金、职称该如何评定，是否还享有原单位的待遇标准，科技特派员长期扎根农村，原工作单位的任务分工与科技特派员职责如何衔接和协调等，还缺乏相关的政策依据。科技特派员制度是一项利国利民的长期工程，深受广大农民群众的欢迎和地方政府的支持，社会各界对其有着高度评价，但目前尚未建立科技特派员制度的评价和奖励制度。地方的表彰奖励以及相应的待遇激励在很大程度上影响着科技特派员工作的积极性和稳定性。

为了推动全国科技特派员制度工作又好又快地发展，充分发挥其对建设社会主义新农村的重要支撑作用，针对各地在实施科技特派员制度过程中出现的问题，建议财政部门设立科技特派员工作的专项经费。全面、系统开展科技特派员专项工作是利国利民的大事，为了保障科技特派员创业行动的稳定与拓展，各级财政部门需要设立专项经费，进一步加大支持力度，改善工作条件。基于对科技特派员专项工作投入严重不足的现实，建议财政部将科技特派员专项经费纳入财政预算，每年计划5000万元专项经费，支持科技特派员试验、示范、交通、通讯、培训、交流、信息等费用。同时，地方财政部门也要加大对科技特派员专项工作的投入力度。

完善相关金融财政优惠政策，鼓励科技特派员创立扶持基金，由专门机构规范管理运作，扶持基金可用于科技特派员项目的贷款贴息和贷款担保。同时，国家要出台对科技特派员创业的相关优惠税收措施。如对法人科技特派员3年内实行免税政策，提高科技特派员个人所得税起征点。并且，建议中国人民银行制定特殊政策支持农村信用社为科技特派员创业行动提供优惠贷款。要充分发挥农村信用社的支农作用，通过对科技特派员行动考察来为其量身定做信用贷款额度。对项目前景好，带动作用强，发展潜力大，确需增加资金投入的项目，可由农村信用社根据调查情况采取担保、抵押等方式进行续贷，增加额度，确保项目所需资金，并由县科技特派员管理部门通过上级科技部门争取到的项目资金和县财政划拨的配套资金给予专项贴息。建议向科技特派员提供小额贷款专项业务。单笔贷款最高额度要根据科技特派员项目的资金支持状况、贷款对象信用程度等内容决定，科技特派员小额贷款利率要低于法定利率水平。

相关部门应制定科技特派员人事政策，建立全国优秀科技特派员表彰制度：为稳定、深入、持续发挥科技特派员制度对建设社会主义新农村的重要支撑作用，要正确评价科技特派员德才表现和工作业绩，激励督促其认真履行职责，激发其工作积极性、主动性和创造性，激励科技特派员长期深入农村服务、扎根农村创业。人事部联系相关部委制定科技特派员人事政策，以科技特派员能力建设为核心，形成科学的考核评价制度和表彰奖励制度。如国家每年可评选全国"十佳优秀科技特派员"，并给予相应的待遇，充分发挥其在科技特派员专项工作中的先进、示范、带头作用，吸引和鼓励越来越多的科技人员投入到农村基层科技服务和科技创业中来。

（原载于《中国政协》2012年第24期）

媒体报道

必须寻找公益与效率的平衡点

黄　萱

"我点菜，你埋单"机制让市场规律失灵

"你下餐馆点菜，由别人替你埋单，你会不会无所顾忌放开胃口点菜？"全国政协委员、九三学社中央参政议政研究中心主任张化本的问话，让记者一时摸不着头脑。张化本接下来解释说："现在医院诊疗不就是这样吗？医生决定着患者需要做什么检查和治疗，就像点菜没有选择机会，只能照单付费。这样的运作机制，不就是医疗机构自己'点菜'而由别人——患者、政府和用人单位埋单吗？"

张化本说，当然，群众看病贵、看病难的原因首先是政府投入不足。但是"我点菜，你埋单"的运行机制，使得医院有了足够强烈的滥开药、滥检查、乱收费的利益冲动，能够靠多收费而获得利润，谁还会费心思去降低成本呢？任何行业如果是自己"点菜"别人埋单，其市场规律都会失灵，医药市场也不例外。结果是：医疗卫生机构对做好预防保健工作没有积极性，过度诊疗造成的政府和患者不堪重负的状况难以扭转。

"大锅饭"机制容易引发效率低下弊端

现在，政府为解决群众看病贵、看病难问题，提出建立社区卫生服务与大医院两级医疗体系的方案，社区卫生服务的成本费用由政府承担，社区卫生服务机构及人员的收入与诊疗收费脱钩。这样，虽然还是医生"点菜"，但这"菜"自己吃不成，于是消除了"多点菜"的动机。

但是，这种做法又难以避免"大锅饭"带来的服务冷漠、效率低下的弊

端，同时，社区卫生服务机构对主动上门服务、积极预防疾病仍难有内在动力，纵容病人小病大养、一人医保全家吃药等问题仍难以控制。正是这个原因，使得曾经执行了几十年的高福利的公费医疗，最终不得不在1998年被高自费比例的医保方案所取代。也还是这个原因，至今社保部门对于卫生部门提出的给予社区看病报销优惠的建议顾虑重重，犹豫不决。

"公益"与"效率"真的无法兼顾吗？

张化本说，在我们这样一个人口多、底子薄，仍处于社会主义初级阶段的大国，要想既讲公益又讲效率，就要坚持政府主导与市场机制相结合的原则。

政府主导并不等于政府包办，市场机制也不等于市场化。张化本认为，主要的一点是政府要履行公共服务职能、增加医疗卫生投入。接下来要解决的就是如何用好这笔钱，使有限的投入产生最大的效益。

据张化本介绍，由科技部批准立项的国家软科学"四一三"医保帮困课题组曾提出了一个健康保险模式，并且最近又在这一基础上有所发展。其具体内容大体是：在省会和省会以上城市建立若干紧密型医院集团，其分支机构和业务网点自上而下延伸到城市社区乃至乡村，由政府将当地居民的预防保健费和医保费按人头包给当地的医院集团，费用超支不补，结余归集团。而参保人有定期重新选择更好的定点集团的自由，医药集团只有争取到一定规模的参保人数，才能获得运行资格。

这一模式的核心目的，一是让医疗机构自己"点菜"，自己"埋单"。也就是说，预防工作搞得好，医药费用降下来，集团才能多获利，从而消除了重治轻防、过度诊疗的利益动机；二是城市大医院和社区卫生服务机构成为了"一家人"，长期以来因争夺病源无法解决的"双向转诊"难题迎刃而解；三是由于参保人员可自由选择不同的定点集团，各集团之间形成竞争关系，也就从利益上促使医院集团向参保人员提供更好的医疗卫生保健服务。有了上述三点，再加上政府各项配套的监督、管理机制，既可节约医疗资源，同时服务质量也能有所保证。

张化本介绍说，"四一三"医保试点证明，这一模式可使医疗和医保成本降幅高达50％—70％。他建议，对这一符合医疗卫生事业规律和政府主导与市场机制相结合原则的医改模式，政府有关部门应当组织力量研究完善，尽快实施。

（原载于《人民政协报》2002年3月7日）

全国政协委员张化本建议：

合理开发资源　节约存量发展增量

我国人口众多，资源有限，人均资源占有量远低于世界的平均水平：耕地为世界人均水平的42%，淡水为27%，森林为20%，煤、石油、天然气分别为56%、15%、10%。目前我国正值经济高速发展时期，许多资源消费增速接近或超过国民经济的发展速度。据专家预测，到2050年，我国资源年消耗量将相当于2000年的3倍。如何保持我国自然资源的可持续利用，保证资源对2020年实现全面建设小康社会的宏伟目标和21世纪中叶基本实现现代化的有效支撑？我认为，对于资源不仅要在使用上贯彻节约的原则，在开发上也要贯彻节约的原则。必须合理开发资源：节约存量，发展增量。为此我提出四点建议：

第一，加强国土资源建设，增加自然资源总量。通过植树造林种草以增加森林草场，通过改造盐碱地、荒漠地以增加耕地面积。经济与社会发展对淡水资源的需求不断增长，特别是沿海地区，经济发展，人口稠密，目前淡水供需矛盾突出。如果在沿海地区大力发展海水淡化和海水直接利用（海水冷却、海水冲厕等），就可以为内陆地区节省下更多可资利用的淡水资源。据了解，清华大学与烟台市合作建造日产8万吨高品质饮用水的核能海水淡化工程，设计每吨成本3.7元，已与中线南水北调北京市每吨3.6元、4.2元的水价相近。因此建议在我国沿海地区大力发展海水淡化及直接利用。

第二，充分利用国外资源，减少自有资源开发。鉴于我国人均资源低于世界水平，我们应通过政策倾斜大力鼓励矿产、林木等短缺资源进口，最大限度地利用世界资源，保存自有资源。为了保证国家资源与经济安全，我们应大力实施资源开发"走出去"战略，增加在海外资源开发方面的投资，发展跨国公司和跨国经营，以保证我们能稳定持久地利用国外资源。

第三，大力发展可再生能源，节省不可再生能源。能源是支持经济发展的最重要资源。我国煤、石油、天然气等不可再生能源只分别占世界经济可采资源量的12%、3%、2%，用一点就少一点。而我国的可再生能源却具有很大的开发空间：我国水电资源世界第一，目前仅开发了20%（发达国家一般在50%以上）；核电不到全国发电装机的1%，远低于世界16%的平均水平；太阳能、风能、地热能以及国外大力发展的农作物能源等开发利用的规模更小。因此建议调整能源结构，大力发展可再生能源，节省不可再生能源，以保证我国能源长期持久供应。

第四，大力发展资源回收再利用，减少存量资源消费。目前发达国家钢、铜、铅等大宗金属回收再利用量已达消费量的30%—50%。如果我们能达到这样的水平，就意味着可以少开发相应的存量资源。这对于资源的可持续利用无疑具有重要意义。

（原载于《光明日报》2004年2月19日）

严格规范土地征用程序

潘　跃

张化本委员在讨论政府工作报告时说，近两年来，各地圈地热不断升温，大大超过现有城镇建设用地总规模。要严格规范土地征用程序，改革计划经济时代的行政征地方式，使之与社会主义市场经济体制相适应。通过设立银行专户、举行听证会、集中审计等形式，严格监管耕地补偿费的使用。要加大对失地农民职业技能培训力度，促进失地农民的就业。推行土地换社保的做法，将失地农民全部纳入社会保障体系。

（原载于《人民日报》2004年3月8日第1版）

解决碍航问题　凸显"绿色运输"效能

李小霞

作为一种古老的运输方式，内河航运具有占地少、能耗低、运量大、成本小、污染少、效益高的"绿色运输"特色。全国政协委员张化本最近随全国政协考察团赴广西就内河航运问题进行考察时发现，随着水利水电设施建设的蓬勃发展，内河闸坝对航运的妨碍问题日益突出，应该引起高度重视。

张化本指出，内河航运的价值和作用不可低估。就经济价值来说，内河航运价格低廉，只有铁路的1/2，公路的1/4，且基本不占土地，其能耗也分别只有火车的1/2，载货汽车的1/7。就环境角度来说，公路单位货运量二氧化碳和氮氧化物排放量分别为水路的2倍和3倍，铁路单位货运量造成的污染是内河水运的3.3倍。特别是西部地区的内河航运以便捷的水道将老少边贫地区与东部发达地区连接在一起，这对于促进老少边贫地区经济繁荣、民族团结、社会稳定，加快其全面建设小康社会的步伐，具有重要意义。

内河闸坝拦水可以发电，也可以使河道加深变宽，有利于行船。但是在水利水电工程的建设中，建设单位往往重视其防洪、发电功能，却不建、缓建过船设施，或建设的过船设施规模小、标准低，造成内河运输碍航或断航。

张化本认为造成内河闸坝碍航的主要原因是建设单位单纯追求经济利益，相关政府部门之间缺乏统筹协调机制，有关水资源的法制建设尚需完善，内河航运基础设施投资不足。为此，他建议全国人大以内河枢纽建设碍航问题为主组织一次《水法》执法检查，对于检查出的有通航需求的碍航闸坝，责令有关方面制定出建设过船设施的时间方案和计划，并按期检查。同时，加强与碍航相关的法制建设。建议补充、完善《水法》或制定《航道法》，对内河枢纽建设中过船设施建设的责任主体、标准、规模、审批程序、监察主体、处罚措施等作出明确规定。

张化本建议由发改委牵头建立水利、能源、交通、环保等部门参加的部际高层合作协商制度，定期研究水资源开发和保护事宜，对在通航河流上新建的水电枢纽进行通航设施专项审批，以避免新的碍航闸坝出现。继续建立和完善内河航运建设专项基金，在闸坝过船设施建设上，可以引导资金，推动建设单位、地方政府等相关各方共同投入，逐步形成过船设施建设的有效投资机制。

（原载于《人民政协报》2004年3月）

人民健康"食"不我待　加强监管刻不容缓

刘　平

　　近年来，我国重大食物中毒事故的报告起数、中毒人数、死亡人数呈上升趋势，类似"阜阳劣质奶粉""杏花村假酒"等恶性食品安全事故频繁发生，农产品中农药、兽药残留超标以及滥用和不规范使用食品添加剂等问题日益突出。"民以食为天"，食品安全是关系人民健康和国计民生的重大问题，已经引起国家高层的高度重视与关注。

　　8月上旬，记者就九三学社向全国政协十届三次会议提交《关于切实加强食品安全工作》提案一事，采访了参与提案工作的九三学社中央参政议政部部长、全国政协委员张化本。

　　张化本委员告诉记者：近年来，国务院贯彻"以人为本"的科学发展观，高度重视食品安全问题，采取有效措施，开展了大量的工作。比如，无公害行动计划、食品药品放心工程、食品安全专项整治工作等。这些工作已经取得了初步成效，食品安全问题逐步得到改善，全国食品安全水平呈稳步上升趋势。从1999年到2003年，国家质检总局组织全国对肉制品、乳制品、白酒、葡萄酒、饮料、方便小食品等数十种食品进行了连续性国家监督跟踪抽查。从抽查结果分析，5年食品平均抽样合格率为76.6%，比上一个5年，即1994年至1998年，食品质量平均抽样合格率高出近3个百分点。但是食品安全是一项长期工程，要从根本上解决还需要从深层次的体制、机制和法制入手。为了切实保证食品安全，维护人民的身体健康，我们提出四点建议：

进一步完善食品安全监管机制

我国食品安全监管涉及国家质量监督检验检疫总局、农业部、卫生部、公安部、商务部、工商管理总局等多个部门。它们分别管理着涉及食品安全的各个领域，相互之间职能有所交叉，有的甚至相互掣肘，造成食品安全监管力量和监管资源分散。为此，建议国务院成立食品安全领导小组，由一位负责同志担任组长，各相关部门负责同志参加，以强化食品安全工作的领导，下设办公室，可放在国家食品药品监督管理局，负责具体实施。同时建立由国家食品药品监督管理局牵头、相关部门参加的长效监管机制，包括各部门定期召开会议统筹监管力量的联席会议制度和在行动中加强信息沟通，实施紧密、有效的联动处置机制。

加强食品安全法制建设

我国没有一部系统、完整的《食品安全法》，有关食品安全方面的法律法规散见于《中华人民共和国食品卫生法》《中华人民共和国产品质量法》《中华人民共和国农业法》和《中华人民共和国动物防疫法》等几十部法律法规中。这些法律不完善，不能涵盖从农田到餐桌的各个环节。例如，1996年，我国出台了国家强制标准《食品添加剂使用卫生标准》。该标准对食品添加剂的使用和剂量作了强制规定。但据有关方面反映，目前滥用食品添加剂已经成为产品不合格的重要因素，去年发生的几起食品安全事件，大多也都是由于食品添加剂的不当使用造成的。之所以如此，一个重要原因是我国对滥用食品添加剂的法律责任缺乏明确而严厉的规定。另外，我国有关食品安全的法律法规系统性、协调性比较差，经常产生同类案例有不同处罚结果的情况。如对市场上发现没有经过检疫的猪肉，《动物防疫法》《食品卫生法》、国务院《生猪屠宰管理条例》规定三种力度不同的惩罚措施，必然给执法带来困难。因此，建议国家尽快制定一部综合性、覆盖范围广、可操作性强、解决交叉和重叠、避免矛盾并且制裁措施严厉的《食品安全法》，并完善与之相配套的法律、法规。

加强食品安全检测体系建设

要进一步加强食品安全检测体系机构设置与规划。建议应以实验室标准化认证推进企业自检体系建设，使企业成为食品安全检测网络体系的基础，完善食品安全检测网络体系，构建食品安全重大问题科技攻关体系，充分利用质检系统在分析检测技术与设备方面的优势，结合各地方现有条件为基础，建立国家食品安全检测体系。

要加强食品安全科技支撑体系建设。我国现行的食品安全检测设备落后，缺乏简便易行且准确的检测手段。依靠现有设备对农药残留等指标进行检测，不仅费时费力，而且难以大面积推广，并且市场上厂家自己开发生产的检测设备，大多数产品标准不统一，检测结果准确度不高。另外，食品安全的科研队伍、设备和经费都十分缺乏，科技成果和技术储备严重不足，无法满足社会对食品安全检测技术及法规、标准制订的需要。为此建议，统一食品安全检测设备的生产标准，切实提高检测结果的精确度，加快研制可靠、快速、便捷、精确的食品安全检测设备；追踪国际先进食品安全科技发展动态，建立切实有效的交流机制，及时引进国际先进科技成果。国家要增加对食品安全研究的财政支持力度，要根据国外食品安全科技发展动态、中国经济和社会发展水平以及现有科技基础，制定出短中长期食品安全科技发展规划。

构建食品安全的社会信用体系

目前，我国食品领域制假售假等违法行为，特别是重大的食品安全事故频繁发生的重要原因就是食品生产经营企业信用的严重缺乏。因此，建议政府加快食品安全信用体系建设。充分利用现代信息手段，建立食品安全的信用档案。进一步加强和完善食品质量市场准入机制，完成主要食品市场准入工作，加大国家对食品质量监督抽查力度，严格生产许可证管理等工作。

加强食品安全领域的舆论监督和群众监督很重要，政府应充分发挥自律性行业管理组织、非官方的行业协会及中介组织的作用，提高生产经营的组织化程度，以有效地对小企业进行监督。

（原载于《中国国情国力》2005年第9期）

提高企业自主创新能力

罗 旭

　　走进张化本委员的房间，就看到床上、桌上摆放着一叠叠打印好的提案，作为九三学社中央参政议政部部长，他显然比别的委员有更多的话要说。

　　"这是我们去年调研的重头戏。"刚一落座，他就交给记者一份提案：《把提升企业自主创新能力置于国家战略的高度》。提案中说，企业自主创新能力薄弱，已成为制约我国经济社会发展的瓶颈。我国发明专利授权中3/4为外国人所拥有。由于缺少拥有自主知识产权的核心技术，我国不少行业存在产业技术空心化的危险。比如，我国已成为PC机生产和消费大国，但CPU芯片和操作系统这两大核心技术却掌握在英特尔和微软公司手中……为此，这份提案建议把提升企业自主创新能力置于国家战略的高度来认识，使企业真正成为技术创新的主体。

　　张化本委员还介绍，九三学社中央去年把"围绕经济社会的全面发展参政议政"作为主要任务，年初就列出了"科技改革与发展""科教兴农""水资源"三个调研方向，并在短时间内就收到了各省87封投标书，最后有12个课题中标。指着案头那一份份提案，他表示，新的一年，九三学社将进一步贯彻落实科学发展观，围绕中心，服务大局，把参政议政工作推上一个新高度。

（原载于《光明日报》2005年3月6日）

不尚清谈　关注国是民生

张　娟

"提案有头有尾，有答复有落实，这让参政党人士感受到自己参与国是的价值"

张化本很忙，我们的采访也一约再约，直到春节的前一天。"不好意思，我的办公桌太乱了。"偌大一张办公桌上摊满了各种意见、建议、提案。张化本告诉记者，他们正在准备2006年全国政协大会的提案。张是九三学社的中央常委、参政议政部部长，还是全国政协提案委员会委员。

"政协提案是民主党派履行参政议政、民主监督职能的重要形式之一，九三学社中央对政协提案工作十分重视。"张化本介绍说，在2005年全国政协十届三次会议上，九三学社以社中央名义提出的提案17件，以九三届别名义提出提案7件。这些提案受到提案委员会和承办单位的重视。

据了解，每年"两会"期间，全国政协都要举办两场重点提案的现场交办会，去年这两场重要提案交办会，涉及的都是党派提案。其中九三学社中央提出的《把发展循环经济作为十一五规划的指导理念和规划基础》被提案委员会列为重点提案，与其他党派和委员提出的同一题材提案一起举办现场交办会，重点办理。2005年政协还就九三学社提出的关于海洋开发和海水利用的两件提案召开座谈会，邀请相关部门协商办理。"另外我社提出的五项提案被选入全国政协《重要提案摘编》。全国政协提案委员会共上报《重要提案摘编》40期，我社占了5期。"张部长如数家珍。

提案不是拍脑袋拍出来的

作为九三学社参政议政部部长，同时又是全国政协提案委员会委员，从提案产生、组织协调到提案办复等整个流程张化本都能接触到，"整个过程我都熟悉。提案的答复，我年年都看"，他的感觉里，近年来提案质量和办复质量越来越高，"特别是2005年的办复情况，确实比往年要好。改变了过去你说你的、我说我的的做法，而是针对提案本身进行答复并予以评价，对提案中的建议能做到的明确表示采纳或考虑，一时难以做到的也做出说明。体现了承办单位对政协提案的重视。就我个人而言，满意度至少达到80%以上。提案有头有尾，有答复有落实，这让参政党人士感受到自己参与国是的价值"。

张化本介绍，九三学社的提案主要集中在中国社会经济和社会全面发展方面，特别是科技、教育、医药等方面的内容。这是由本党的特点决定的，九三学社主要成员为大中城市科技界和高等教育、医药卫生等领域的高、中级知识分子。张化本告诉记者，他们提交提案的方式多种多样，有以社中央的名义，有以九三界别名义，也有以委员联名或委员个人的名义提出。"以社中央或九三界别提交的提案多是自下而上的，经过多重遴选、论证、加工、再调研等过程，集中了社里许多人的智慧，因此从针对性、调研范围、信息量等方面保证了提案的质量。而政协对党派特别是党派组织的提案又非常重视。"

"坐在办公室里是想不出提案的。"张化本深有感触，"不过，提案的诞生也不像人们想象的那样有故事性"。张部长告诉记者，有许多媒体都想从他这里挖出"提案背后的故事"，他往往让人家很失望。没有故事性并不代表不精彩，"每份提案都倾注了社员们大量的心血和努力，是一个扎扎实实的过程"。张化本把这个过程形容为"做功课"。他介绍说，对一个问题的关注到提案出台是一个复杂的过程。以2005年他们提出的被国家食品药品监督管理局列为重点提案的《以人为本，切实加强食品安全》为例，这份提案源于九三学社社员《关于食品安全的9点建议》，而在此之前的很长一段时间，他们就已经在关注食品安全的问题，"民以食为天"，张化本说，食品安全是关系人民健康和国计民生的重大问题。中国在基本解决温饱食品量的安全后，食品质的安全越来越引起全社会的关注。从一份建议书到最后形成提案，经过了研讨会

（有农业部、食品药品安全管理局等政府部门和专家学者、食品生产一线人员等参加）、提案初稿、征求意见、完善这样的过程。2006年，他们还准备提交有关建立食品行业标准保证食品安全的提案。

高质量提案是这样诞生的

参政党通过全国政协参议国是，是中国民主政治制度的一个特点，也是中国的民主党派与执政的共产党合作共事的写照。提交提案是其参政议政的一条重要途径，在民主党派中受到的重视也最大。

怎样才能避免清谈，打造精品提案？张化本说他的精力主要放在了九三学社的提案组织上，他更多谈的是关于社里的经验。"首先要抓好选题。好的选题可以收到事半功倍的效果。"在张化本看来有两类选题最有价值，一类是热点问题，如"食品安全"问题，另一类是"冷点问题"，就是尚未引起人们关注或重视的问题。如九三学社提出的《关于切实加强我国林草区鼠兔害防治的建议案》受到国家林业局的高度评价。他们认为该提案"对于进一步加强这方面的工作具有很强的借鉴意义，我局将予以认真采纳"。

而调查研究是产生高质量提案的一个重要法宝。张化本告诉记者，现在参政议政不是随便想想就能提出一个见解的。因为政府部门对每个领域相当熟悉，而作为参政党如果要提出一个很有价值、很有意义的提案，不是坐在屋子里能想出来的，需要广泛深入的调研。张化本根据个人的实践，把调研分为三个层次：一是预调研。想就某个领域提出问题，首先要了解这个领域中什么问题最突出？政府部门做到怎样的程度？别人曾经提到什么程度？这也叫选题调研，就是说提一个选题前，必须先知情。第二个层次是正调研，通过去现场、开研讨会等形式，这种调研就不仅限于社内。第三个层次为再调研。这往往表现为地方组织、省级组织或专门，委员会调研过的东西，在以九三中央名义提出以前，还要进行再调研，主要是通过有关部门及专家进行论证，论证其是否确切及其价值。

张化本告诉记者，加强基础研究也是高质量提案产生必做的功课。只有对某个领域的长期积累、研究、锲而不舍地去探索，才能从各类信息中敏锐地发现它的价值，才能做出正确的判断，所谓见多识广、厚积薄发。

（原载于《今日中国》2006年第3期）

九三学社：政协发言和提案要继续突出科技优势

石 乐

寒冬未尽春意来。举国关注的两会即将召开。为迎接今年两会，九三学社中央及早部署、超前谋划，精心准备了大量高质量的参政议政建言。

今年，九三学社中央拟提交的大会发言20件，其中口头发言7件，书面发言13件；拟提交提案85件，其中以九三学社中央名义提交提案37件，以九三学社界别或委员联名提交提案48件。3月1日，九三学社中央委员会参政议政部部长张化本接受国际台记者专访，他介绍："'科技'是九三学社特色。九三学社主要由科技界、文教界高、中级知识分子组成，有非常多的科技人才，正是因为有这些科技精英，所以九三学社在国家科技事业发展、涉及科技领域政策建言献策方面都作出了重大贡献。"

作为以科技界成员为主体的九三学社，始终把参政议政的视角定位在有关科技发展的重大问题上。"促进科技发展和自主创新"是本届九三学社中央确定的重大参政议政课题。去年，课题组对国内外科技体制及自主创新体系进行了实地调查，召开了"深化我国科技宏观管理体制改革"等一系列专题研讨会，完成了"我国科技和高等教育发展情况与对策调查问卷初步分析报告"，课题取得阶段性成果，为下一步的研究奠定了坚实基础。在应对国际金融海啸的过程中，国家高度重视科技应对危机、支撑发展的作用，大幅增加科技投入，采取了包括实施重大科技专项在内的一系列提高自主创新能力的重要举措。

针对这一形势，张部长介绍说："今年的政协第十一届三次会议上社中央副主席王志珍将以《深化改革提高自主创新能力》为题，在提高自主创新能力，转变发展方式，深化科技体制机制改革方面提出九三学社的建议。"今年，九三学社发言和提案继续突出科技优势。如《关于推进产学研合作、关于深化科研院所改革、加强公益性研究的建议》《关于建立和完善有利于自主创新的科技评价制度的建议》《关于提高我国科技投入使用效率的几个建议》《关于推进产学研合作加快科技成果转化的建议》《关于建立第三方科技成果鉴定制度的建议》《关于加强行业关键共性技术研发的建议》《关于充分发挥我国科技资源优势促进资源共享的几点建议》《关于完善体制机制大力改善地方科技人员收入状况的建议》等提案，都体现了九三学社参政议政的特色，也是九三学社加强参政议政工作基础研究，选择若干领域的基本问题进行长期、深入的研究结果。

（原载于中国网2010年3月1日）

维护劳动者合法权益　构建和谐劳动关系

　　全国政协委员、九三学社中央常委张化本在提交政协十届四次会议的大会书面发言中指出，近年来我国经济快速发展，但不容忽视的是，一些企业特别是非公企业为追求经济效益的最大化而侵犯劳动者权益正成为一个普遍存在的社会问题。主要表现在，一是不与工人签订劳动合同，据调查，中小型非公企业劳动合同签订率不到20％；二是拖欠或克扣工资，2004年全国劳动保障监察部门查处的各类案件中，克扣和拖欠工人工资的占41％；三是不提供国家要求的各种社会保险；四是压低工人工资，随意延长工作时间并不付报酬，调查显示，12.7％的职工工资低于当地最低工资标准；五是工作环境恶劣使工人健康受到危害、生命受到威胁，据统计，目前我国有毒有害企业超过1600万家，接触职业病危害因素的人数超过2亿，工人生活环境不符合起码的安全、卫生要求，等等。这些问题在农民工集中的企业表现尤为突出。据统计，我国劳动争议受理案件每年大约以30％以上速度增长。侵犯劳动者权益已成为影响我国社会和谐与稳定的一个严重问题。

　　发言中分析了产生侵犯劳动者权益问题的两个深层次原因。一是对保护劳动者权益缺乏应有重视。一些地方政府片面地把发展归结为GDP增长等经济指标，担心加强劳动维权工作会影响招商引资和经济增长，致使一些企业为追求利润最大限度地压低劳动成本，不履行社会责任。二是经过20多年的改革开放，我国市场化的劳动关系已占主导地位，2002年底各类非国有单位从业人员已占城镇全部从业人员的70％以上，但与之相应的体制、机制、法制等尚存在许多不适应之处。针对上述问题发言提出五点建议。①各级政府要树立和贯彻以人为本的科学发展观，对保护劳动者权益工作给予更多重视。要把安全生产指标、劳动工资水平、企业参保比例、劳资纠纷数量、劳动维权状况等作为政府的政绩考核指标，扭转一些地方"单纯抓经济，见物不见人"的发展模式，建设和谐的社会劳动关系。②加大劳动法及其配套法律法规的贯彻实施力度。1995年我国实施了劳动法，随后又制定了劳动保障监察条例等一系列行政法规。但存在着贯彻实施不力、有些法规滞后于实践等问题。建议通过深化改革，加强体制、机制、法制建设，改变劳动关系中劳动者的弱势地位；解决工资调控、劳动安全、职业培训以及社会保障等方面有法不依问题；探索进城务工人员的劳动权益得到有效保护的途径；有效建立工资集体协商机制，满足劳动者工资合理增长的要求；加大对违反劳动法行为的惩处力度。③加强劳动监察执法工作。由于2004年颁发的劳动保障监察条例处罚力度不够，难以起到警示与震慑作用；劳动监察人员多为事业单位编制，且人员严重不足，既缺乏执法的权威性，又无力应付量多面广的劳动违法案件；在现行"块块领导"的劳动监察体制下，一些地方政府"重资本，轻劳工"的指导思想在一定程度上影响了劳动执法监察的力度等方面原因，致使劳动监察执法工作薄弱。为此，要修改现行法律法规，加重对违反劳动保障监察条例行为的处罚；要将劳动监察执法机构列入国家行政序列，增加执法人员，完善执法条件；要完善监督机制，顺畅举报渠道，加快对举报的处理速度，强化工会组织、社会和新闻监督，以保证有法必依、执法必严、违法必究。④建立企业劳动保障守法诚信制度。通过在企业中推行劳动保障守法诚信自律活动，推动各类企业建立与社会主义市场经济体制相适应的依法自我规范、自我约束、自我激励、自我发展的劳动保障管理机制；加强对企业劳动保障法律法规执行情况的监督检查工作，除了劳动执法部门外，还应吸收人大代表、政协委员、工会代表、行业协会代表等有关方面人员参加，并对企业执行劳动保障法律法规的情况做出评价；定期向社会公布企业劳动保障守法诚信情况，确立失信惩戒和守信受益机制，加大企业在劳动保障方面的违法成本。⑤加大在非公企业和农民工集中的企业中建立工会组织、开展维权工作的力度。工会是维护劳动者权益的组织。近年来虽加快了在非公企业和农民工中的发展速度，但仍不能适应需要。2004年我国工会会员净增1350万人，80%以上是农民工。即便如此，最少也要10年以上才能将农民工全部纳入工会系统。而且在一些企业，由于种种原因，即使成立了工会，也不能有效维护劳动者权益。故在农民工集中地区出现了一些以地缘和血缘关系为纽带的维权组织。这些"另类"维权组织固然解决了一些劳动者维权问题，但也有可能发展成为潜在的社会不稳定因素。因此，建议加快在非公企业中建立工会的步伐，尽快将农民工吸纳到合法维权组织中。同时强化工会维护劳动者权益机制，畅通农民工的利益诉求渠道。

（九三学社中央办公厅2006年4月7日）

为实现教育公平多做实事

对外经济贸易大学学生袁达问：这两天，媒体上都在介绍今年1.5亿的农村中小学生将全面免除学杂费，可教育公平问题据说仍然是今年两会代表、委员的热点话题，难道实现全方位的教育公平就这么难吗？

全国政协委员张化本答：根本原因还在于我国教育不公平问题仍然存在，而且成为影响社会公平和社会和谐的重要因素。这主要表现在以下几个方面：城乡教育差距较大；高招定额不公平；教育收费负担偏重。

我国教育不公平产生的原因主要有三：一是政府投入不足，且分配不合理。《中国教育改革和发展纲要》明确到20世纪末国家财政性教育支出占GDP的比重为4％，但实际上直到2004年才达到3.27％，远低于世界平均5.1％的水平。二是教育资源不均衡与乱收费导致教育不公。在国家教育投入不足的情况下，为了解决经费短缺问题，一些地方政府允许大中学校提高收费标准；另外，为了解决优质教师资源供不应求的矛盾，提高收费标准便成了一些学校的选择。三是教育改革滞后。一些制度，如教育投资制度、重点（示范）中学制度以及高考招生制度等，还带有计划体制的色彩。

代表、委员对教育公平的持久关注其实反映的是广大人民群众对教育公平的强烈要求。公平是和谐社会的基本条件。一个社会不可能做到财富的绝对公平，但要尽力做到机会的公平，而教育公平则是机会公平的基础，因而也是构建社会主义和谐社会的一项基础性工作。

解决教育公平的政策性建议包括：落实"优先发展"战略，加大教育投入力度；调整教育投入结构，改革教育财政体制；改革高考招生制度；建立教育管理社会参与制度等。

　　特别需要强调的是，我们要不断完善贫困生社会资助体系。我国虽然建立了以奖学金、学生贷款、特殊困难补助和学费减免为主体的多元化贫困生资助体系，但仍存在评定标准滞后、资金分配不均，资助力度有限、贷款门槛过高等问题，建议加大政府财政助困投入，建立普惠制社会救助机制，同时完善评定机制，让贫穷学生都能上得起学。

（原载于《光明日报》2007年3月5日）

张化本委员代表九三学社中央发言呼吁
解决中小企业科技创新资金瓶颈问题刻不容缓

解决中小企业特别是科技型中小企业科技创新的资金瓶颈问题关乎自主创新国家战略的成败，应当引起高度重视。建议：

1. 完善我国科技风险投资退出机制。从发达国家的成功经验看，风险投资资金的介入是解决科技型中小企业自主创新资金匮乏的最主要方式。但目前我国风险投资发育严重不足，其主要原因是缺乏完善的退出机制。据统计，2005年中国319家风险投资机构管理的631.6亿元资本退出总收入仅10.3亿元。为此建议：一是放宽科技型中小企业上市标准。二是加快产权交易市场建设。三是政府应通过税收、贷款等政策优惠鼓励对风险投资介入的中小型高科技企业的兼并收购，以使风险投资能够顺畅退出。四是尽快制定《风险投资法》，从法律层面促进和规范风险投资的发展。

2. 提高国家财政对中小企业特别是科技型中小企业自主创新的支持力度。国家财政要提高对中小企业特别是科技型中小企业的支持力度，如大幅度增加现在每年仅10亿元的科技型中小企业创新基金、中小企业发展基金的额度，加大对竞争前研究和共性技术平台建设的支持等。

3. 尝试开办科技银行。科技银行可定位为设立在科技企业集中的高新区内的区域性银行，贷款对象主要是区内发展成熟的科技型企业或有风险投资支持的科技型中小企业。科技银行信贷业务将只为与科技创新有关的活动提供服务；科技银行实行股份制，股本来源以企业和机构投资者为主，地方和高新区政府也可少量参股，实行官助民办；国家可允许其吸收社会存款，在金融品种和信贷服务方式上进行创新，如扩大利率浮动范围、用知识产权等无形资产抵押贷款，以企业债权、股权融资等等。

4. 推进再担保体系建设。目前我国大多数担保公司普遍存在资本实力不足、自身信用程度较低、业务规模偏小、主营业务亏损等问题，既难以获得银行等债权人的认可，也不利于整个行业的风险控制。因此，建立为担保公司提供担保的再担保体系势在必行。具体建议：由中央政府和各省级政府出资或授权出资，吸引商业银行、各地各类担保公司和战略投资者参股，组成股份制和市场化的全国和省级再担保公司；再担保公司不与各地担保公司进行同业竞争，以市场化再担保业务为主，并承接国家各类政策性再担保资金托管业务。

5. 加强中小企业信用体系建设。首先，要努力营造一种诚实守信光荣、违约失信可耻的政策法制环境和社会舆论氛围；其次，要建立中小企业商业信誉评估机制和信用档案体系，推进企业与金融机构间信用信息共享，改善银行与企业之间信息不对称的局面；再次，建立严厉的信用惩罚机制，对恶意拖欠银行贷款和逃避银行债务的企业和个人，要给予严厉的惩罚，并在媒体上予以曝光；最后，要加强中小企业的信用管理，完善企业信用管理职能，建立企业信用管理制度，保证风险管理职能落实到人。

（原载于《人民政协报》2007年3月10日）

完善我国科技风险投资退出机制

为解决中小企业特别是科技型中小企业科技创新的资金瓶颈问题，全国政协委员、九三学社中央参政议政部部长张化本9日表示，风险投资资金的介入是发达国家解决科技型中小企业自主创新资金匮乏的最主要方式。但目前我国风险投资发育严重不足，其主要原因是缺乏完善的退出机制，应尽快解决这一问题。

张化本认为，从"公开上市""股份转让"和"破产清算"这几种退出渠道看，我国风险投资企业产权的退出、自由转移渠道极不通畅。据统计，2005年中国319家风险投资机构管理的631.6亿元资本退出总收入仅10.3亿元。

为此他建议，要完善我国科技风险投资退出机制。首先，要放宽科技型中小企业上市标准。"可允许虽未达到国内上市标准但已成功在海外上市的公司在中小企业板上市，同时积极创造条件尽快推出我国创业板市场。"

其次，要加快产权交易市场建设。尽快制定与市场经济相适应的产权交易法，大力推进全国性产权交易市场建设进程，开展对非上市股份有限公司股权的登记托管业务等。

再次，政府应通过税收、贷款等政策优惠鼓励对风险投资介入的中小型高科技企业的兼并收购，以使风险投资能够顺畅退出。

最后，尽快制定风险投资法，从法律层面促进和规范风险投资的发展。

（原载于中国证券网·上海证券报2007年3月10日）

全国政协委员张化本：重视发展物流产业
加强科技应用和人才培养

北部湾经济区应如何开发建设？我们认为：一要贯彻落实以人为本，全面协调可持续的科学发展观。二要着眼于构建和谐的区域合作环境。三要立足于国家的战略需求和广西的区位优势来规划经济区的产业布局，谋划经济与社会发展方略。为此，提出以下几点建议。

一、更加重视发展现代物流产业。作为西南各省区的出海大通道和中国—东盟区域性商贸基地，这种功能定位决定了北部湾经济区必须把发展现代物流产业放在突出位置。我们完全赞同经济区加强交通基础设施建设的规划和设立保税港区的请求。这对于打造中国—东盟区域性物流平台无疑是重要的、必要的。但除了硬件建设，还应加强软件建设。一是要清除物流产业发展的行政壁垒，实现北部湾经济区内三港一市物流的一体化运作。二是以港口物流为中心，建立港口与腹地联动的区域物流服务体系，提升进出北部湾经济区区域性物流基地的货物吞吐量。三是推动泛北部湾经济区"三港"与北部湾各个国家和地区的港口建立泛北部湾区域港口联盟，促进泛北部湾沿海港口一体化发展。四是按照建立现代企业制度的要求，加快物流企业产权制度改革，培育和发展集团化、国际化、品牌化、网络化的大型现代物流企业。五是转变政府职能，增强服务意识，提高行政效能，优化政务环境。六是加强物流信息系统建设，大力发展电子政务和电子商务，提高物流产业的信息化水平。

二、提升科技在北部湾经济区建设中的地位。科技是第一生产力，因此应提升科技在北部湾经济区建设中的地位。具体建议如下：1.大力发展高新技术产业。根据北部湾经济区区域性特点，我们建议重点发展信息产业、生物技术与新医药产业、光—机电一体化产业、新能源产业、新材料产业等高新技术产业。2.构建中国—东盟区域科技交流与合作基地。其中包含两项内容：其一，创建泛北部湾（北海）高科技工业园区。基本设想是将北海市现有的各种开发区资源加以整合，形成一个国家级的面向东盟的泛北部湾高科技工业园区。其二，加强中国—东盟科技合作与技术转移平台建设。目前国家科技部与广西壮族自治区人民政府已决定以现有的中国—东盟科技企业（南宁）孵化基地、中国东盟博览会、广西科技信息网络体系为基础打造中国—东盟科技合作与技术转移平台。建议加大此项工作的力度，扩大合作范围，如可将中国科学院、中国工程院和国家相关部委都吸收到此平台建设中来。

三、加强北部湾经济区人才支撑体系建设。目前，广西大专以上学历人口占总人口的比例仅为3.48%，为此必须大力加强北部湾经济区人才支撑体系建设。

（1）开展北部湾经济区人才需求前瞻性调研，以此为依据编制人才引进与培养规划，做好人才引进与培养的一系列基础工作。

（2）制定优惠政策吸引人才。发展北部湾经济区与国内大学、科研机构间各种形式的科技、经济合作，以实现人才为我所用。建议国家有关部门在项目与人才政策导向上对北部湾经济区予以倾斜。

（3）加大对本地区教育资源的开发建设投入，扩大本地区高等教育和职业教育的规模，特别要在目前教育比较薄弱的沿海三市布局一批适应经济区建设需要的高等院校与职业技术学校，以增强本地区教育为北部湾经济区建设服务的能力。

（4）加强北部湾经济区与国内知名高校在人才培养上的合作，委托其为经济区定向培养人才；同时延揽有关高校到北部湾经济区设立分校，就地培养所需人才。

（5）开展人才培养国际合作。吸引国外知名大学到北部湾经济区设立分校、建立人才培育基地；与国外大学、科研机构合作开展人才培训，选送人才出国深造。

（原载于《人民政协报》2007年7月24日）

九三学社部分委员建议：发展生物质能源要以农为本

"最近国际石油价格的上涨，带动了玉米燃料乙醇生产项目的发展，国家已经意识到了这个问题，采取了一些措施。但是秸秆发电项目过热发展所带来的一系列问题却还没引起人们的重视。"全国政协委员、九三学社中央参政议政部部长张化本对记者说："这些问题对农业发展、农村的建设、农民收入都带来了影响。"

首先，影响农业对生物质的需求。秸秆对于农业的用途很大，可用于畜牧饲养，还可直接还田以增加土壤有机质。秸秆过多用于发电，会影响农业的自身需要。

其次，影响农村对能源的需求。将秸秆等农林剩余物通过规模化生产转化为商品能源，如果外输，将影响农村的能源需求；如果返回农村，其成本则要大大高于沼气、秸秆气化、秸秆致密成型等小规模的利用模式，无疑会增加农民的负担。

最后，农民在生物质能源发展中受益很少。现行规模化产业发展模式使农民只能从玉米涨价和出售秸秆中增加收入，受益很有限。

"未来生物质能源发展的大方向必须立足'三农'"，九三学社的一份集体建议中提出，以农村生物质能源高效利用替代日益增长的农村煤炭与石油、天然气消耗应该是生物质能源利用的主要方向。对此他们提出了四点建议：

第一，生物质能源的开发利用，要在满足"三农"生产、生活需求的基础上再发展工业化的生物质能源利用。开发利用的重点应是农林剩余物和低质的能源作物。

第二，以培植农村产业为主，将生物质能的产业发展与农林业的发展统筹规划，大力发展以农村和小城镇为市场目标的小规模生物质能产业。

第三，从农民需求入手，着力加快省柴节煤炉灶炕的升级换代，大力普及沼气，积极开发秸秆气化、秸秆致密成型等小规模、分散性、直接为广大农民群众服务的生物质能产业。

第四，把发展生物质能源作为工业反哺农业、城市支援农村的一个尝试。通过财政税收、金融等方面的优惠政策，引导企业与农村、农民之间形成更紧密的经济联合体。

（原载于国际能源网2008年3月16日）

政协委员呼吁把信息公开纳入干部绩效考核机制

邢利宇

全国政协委员、九三学社中央参政议政部部长张化本10日呼吁，把信息公开纳入干部的绩效考核机制，并制定统一的《信息公开法》。

张化本在政协大会作联合发言时表示，《政府信息公开条例》自2008年实施以来，政府信息公开的状况却不太如人意。主要表现包括：一些地方存在"过滤公开"或虚假公开的现象，如在一些"应急性事件"中，存在政府信息披露不及时甚至遮掩真相的情况；《保密法》成了不公开信息的重要理由，有的地方保密文件泛滥，甚至连向先进人物学习的文件也要加密。

为落实《政府信息公开条例》，张化本提出四点建议：

——制定《政府信息公开条例》实施细则。明确将政府信息公开的重点放在与公众利益联系度高的民生问题（如就业、社保、医改、教育、住房等）和公众关注度高的政府行政成本问题（如公车使用、公款招待、公费考察等）上，并设立公开信息解释答疑机制。

——把现有的政府规章、行政法规上升为国家和地方的法律。综合现行的《保密法》《档案法》和《条例》的相关内容，制定统一的《信息公开法》。

——把信息公开纳入干部的绩效考核机制。制定可行的考核标准，明确对不公开、拖延公开、阻挠公开或虚假公开行为的处罚条款。

——建立完善政府行政信息公开的监督体系。

另一位委员、民革广东省主委周天鸿在作关于网络民主的发言时，也提及加大政府信息网上公开力度，让民众拥有更多的知情权。

（原载于中国新闻网2010年3月10日）

图书在版编目（CIP）数据

建言国是　关注民生：政协委员履职风采·张化本 / 张化本著. —北京：中国文史出版社，2018.2

ISBN 978-7-5205-0379-2

Ⅰ.①建… Ⅱ.①张… Ⅲ.①政协委员—生平事迹—中国

②张化本—生平事迹 Ⅳ.① K820.7

中国版本图书馆 CIP 数据核字（2018）第 145812 号

责任编辑：刘华夏

出版发行：**中国文史出版社**

社　　址：北京市西城区太平桥大街 23 号　　邮编：100811

电　　话：010—66173572　66168268　66192736（发行部）

传　　真：010—66192703

印　　装：北京地大彩印有限公司

经　　销：全国新华书店

开　　本：787×1092　　1/16

印　　张：14.5　　　　插页：6

字　　数：221 千字

版　　次：2018 年 8 月北京第 1 版

印　　次：2018 年 8 月第 1 次印刷

定　　价：45.00 元